나는 시니어 작가로
새 인생을 산다

나는 시니어 작가로 새 인생을 산다

청소 이모가 쓴 60 플러스 책 쓰기

초 판 1쇄 2023년 04월 20일

지은이 나예심
펴낸이 류종렬

펴낸곳 미다스북스
본부장 임종익
편집장 이다경
책임진행 김가영, 신은서, 박유진, 윤가희

등록 2001년 3월 21일 제2001-000040호
주소 서울시 마포구 양화로 133 서교타워 711호
전화 02) 322-7802~3
팩스 02) 6007-1845
블로그 http://blog.naver.com/midasbooks
전자주소 midasbooks@hanmail.net
페이스북 https://www.facebook.com/midasbooks425
인스타그램 https://www.instagram/midasbooks

ISBN 979-11-6910-215-5 03190

값 16,800원

미다스북스는 다음세대에게 필요한 지혜와 교양을 생각합니다.

• 청소 이모가 쓴 60 플러스 책 쓰기 •

나는 시니어 작가로 새 인생을 산다

나예심 지음

Make a second life as a writer

미다스북스

최고의 순간을 끌어 당겨라

도둑처럼 찾아온 가난

이사 가던 날 아침부터 비가 추적추적 내리기 시작했다. 그렇다고 이사하기를 포기해야 할 정도는 아니었다.

"아, ××. 이거 정말 집이 너무 좁아서 일할 수가 없네! 짐은 왜 이렇게 많아. 이 좁은 집에 이것들을 어떻게 다 넣어! 아이씨! 비는 왜 이렇게 짜증 나게 오는 거야!"

남편과 나는 투자와 사업 실패로 모든 것을 잃고 사는 일에 휘청거리기 시작했다. 전세 아파트에서 재개발 지역의 월세 집으로 이사 가던 날, 절망보다 미안한 감정을 더 먼저 느껴야 했다. 이전에 살던 곳보다 더 작은 집으로 우리 물건들을 나르던 이삿짐센터 아저씨들이 힘들었는지 자기들끼리 욕지거리를 해대었다. 멀리서 그들의 말을 들으면서 미안하고 창피했다. 유난히 좁은 입구에 짐들을 힘겹게 꾸겨 넣다가 유리창을 깨버린 그들에게 화도 못 내고 그냥 미안했다. 내가 이렇게 형편없어져서 누구보다도 나에게 미안했다. 인생의 누추함을 너무도 쓰디쓰게 느끼며 이사하던 날이었다.

13년 2개월간의 수도자 삶에 마침표를 찍고 나온 나에게 언니는 무서운 말들을 쏟아냈었다. 환속한 신부가 교통사고를 당했는데 하반신 마비가 되었다더라, 여자 행려자가 객사했는데 낡은 옷 안에 사진 한 장이 있어 꺼내 보니까 과거에 수녀였다더라! 그와 같은 불행이 지금 나에게도 일어난 걸까?

대학에서 심리학을 전공했지만 13년 이상의 경력단절녀인 내게 전문직의 기회는 없었다. 이때부터 노동자의 삶이 시작되었다. 학습지 교사, 식당 홀 서빙, 새벽 녹즙 배달, 편의점 야간아르바이트, 청소 등 돈이 되는 일은 무엇이든지 닥치는 대로 했다. 안마소에서 청소할 때 처음으로 윤락녀들을 만났다. '이모' 하면서 친근하게 다가오는 그녀들에게 나의 따뜻한 마음 자락을 기꺼이 내주기도 했다. 지금도 떠오르는 얼굴들이 있어 내 눈에 눈물이 고인다. 노동은 수도원을 나오면서 가족들에게 경제적으로 짐이 되지 않겠다고 한 하느님과의 약속을 지킬 수 있게 해주었고, 실패의 구덩이에 빠진 나와 신랑을 일으켜 세워주기도 했다.

책 에너지에 기대며 가난을 견디다

나는 삶이 나빠지는 만큼 책을 손에서 놓지 않았다. 온종일 육체노동에 시달리다 피곤한 몸을 이끌고 집으로 돌아와 책을 펼치면 여지없이 졸음이 쏟아졌다. 그런데도 한 글자라도 읽으려고 부단히 애를 썼다. 그마저도 힘든 날은 책을 머리맡에 두고 책 에너지에 기대어 잠이 들곤 했다. 오디오 혁명은 노동 현장에서도 남모르게 책 읽기를 할 수 있게 해주었다. 내 삶에 도둑처럼 찾아온 가난에 망가지지 않기 위해 자기계발서들을 꾸준히 읽으며 부자가 된 미래의 나를 만나러 매일 여행을 떠났다. 책을 읽으며 최고의 순간을 끊임없이 끌어당겼으나 책 속의 주인공들처럼 내 삶에는 좀처럼 기적이 일어나지 않았다. 책 한 권을 늘 손에 들고 다니기 시작한 지 13년이라는 세월이 흘렀다. 수도자로서 살았던 세월만큼 노동자의 삶을 살았다. 고단한 노동이었지만, 노동은 가난의 궁상을 떨칠 수 있게 해주었다. 그러나 아직도 나에게 최고의 순간은 오지 않았다.

나도 책을 쓰고 싶다는 열정

2년 전부터 책을 읽기만 하던 내 마음에 '나도 책을 쓰고 싶다!'라는 절절한 열망이 생겼다. 그 열망이 솟구칠 때마다 이 경력에, 이 나이에 어떻게 내가 책을 써! 하면서 마음속에 꾸겨 넣었다. 그런데 그 열망을 이루는 것이 그토록 오랫동안 내가 기다리던 기적이라는 것을 직감하게 된 것은 최근의 일이다. 나의 이야기를 찾고, 메시지를 들려주는 것이 내가 끌어당겼던 최고의 순간이 되리라는 것을 깨닫게 된 것이다. 그렇게 내 생애 첫 책 쓰기 여정은 시작되었다. 그 여정에서 첫 번째로 만난 사람은 바로 나였다. 허투루 살지 않았던 삶이었다. 하지만 엎치락뒤치락하다 보니 어느새 노년기에 접어들었다. 여러 곡절과 시련이 있었다. 그럴듯하게 이루어 놓은 것도, 쌓아 놓은 재산도 없이 흘러버린 세월 앞에 망연자실, 넋 나간 꼴로 서 있다. 이런 내가 책을 쓰고 싶다는 가슴 속 열정을 반가워하며 가보지 못한 길을 떠났다.

매일 마주하는 하얀 백지 위에서 작가가 되는 비밀의 문을 두드리던 어느 날 섬광처럼 뇌리에서 번뜩인 게 있었다. 그것은 바로 '100세 시대'였다. 2009년 유엔은 호모 헌드레드 시대를 선포하였다. 70세를 기대 수명으로 생애 주기를 결정했던 예전과 달리 100세를 새로운 생애 주기 기준으로 삼은 것이다. 이 기준에 의하면 현재 나이에 0.7을 곱해야 한다는 말인데, 지금 60세는 예전을 기준으로 하면 42세인 셈이다. 하마터면 시대변화에 따른 나이 듦의 새로운 정체성도 모른 체 옛 관습에 속아 노인처럼 살 뻔했다. 눈앞에 완전히 새로운 세상이 펼쳐진 기분이었다. 모든 게 다시 새롭게 보이기 시작했다. 책 쓰기를 시작하지 않았다면 이 소중한 것을 깨닫지 못했을 것이다. 나에게 주어진 엄청난 노년의 기회를 날

려버렸을 것을 생각하면 아찔하다.

100세 시대라는 선물

60년을 살고도 앞으로 3~40년이라는 뜻밖의 시간이 선물로 주어졌으니 얼마나 가슴 설레는 일인가! 아직도 수십 년의 시간을 더 살아야 하니까 글쓰기 · 책 쓰기 기술을 제대로 연마해보기로 하였다. 그래서 즐겨 읽지 않던 글쓰기 · 책 쓰기에 관한 책을 심도 있게 읽고, 한 땀 한 땀 책 쓰기 지식을 공들여 쌓으면서 『나는 시니어 작가로 새 인생을 산다』를 썼다.

넘쳐나는 글쓰기 · 책 쓰기에 관한 책들 무리에 내가 쓴 어설픈 책 한 권을 더한들 무슨 의미가 있을까마는 그런데도 내가 책 쓰기 책을 쓰겠다고 용기를 낸 실질적인 이유가 있다. 그것은 책을 쓰면서 노년 인생을 창조적으로 살고 싶은 나의 꿈을 세상과 나누고 싶었기 때문이다. 그리고 노년기는 무엇인가를 다시 시작하기에는 늦었다고 생각하는 이들에게 '인생에서 너무 늦은 때란 없다.'라는 것을 함께 공감하고 싶었다. 가족을 위해서, 부자가 되기 위해서, 직업을 위해서 등 무엇인가를 '위해서' 열심히 60년 이상을 달려왔지만, 정작 나를 위해서는 살아오지 못한 사람들, 나에 대해서 잘 모르는 사람들과 '나'를 찾는 여정을 함께 떠나고 싶었다. 누구나 마음속에 가지고 있는 책 한 권을 끄집어낼 수 있는 글쓰기 · 책 쓰기의 방법에 관해서도 이야기하고 싶었다.

시중에 이미 출간된 많은 책 쓰기에 관한 책과 가장 큰 차별점은 바로 100세 시대에, 60대 이상 독자들의 특정 연령대를 고려하면서 썼다는 것이다. 그러나 내 생애 첫 책 쓰기라서 책 쓰기에 대해서 특별한 비법이나 기술을 담지는 못했다. 다만 60살이 되어서야 겨우 발견한 '책 쓰기' 길이 너무 좋아서 당신도 와보라고 초대하고 있는 책이다. 책 쓰기라는 도전에 맞설 의지를 가진 분들에게 '함께 책을 읽고, 함께 책을 써보자.' 하며 벗이 내미는 따뜻한 손길 같은 책이다.

앞으로 모두 일곱 장에 걸쳐 할 이야기를 간단하게 정리하면 이렇다. 1장에서는 책을 쓰게 된 이유와 책 쓰기의 가치와 책 쓰기로 발견하는 노년의 가능성을 다룬다. 2장에서는 책 쓰기는 책을 읽어야만 쓸 수 있다고 강조하고 있다. 글쓰기와 책 쓰기에 관한 책 중에 엄선한 몇 권을 수록하면서 인연으로 만난 책들과 저자들에게 깊이 감사하는 마음을 담았다. 3장에서는 글쓰기의 연금술을 깨닫는다면 책 쓰기에 더 깊이 있게 다가갈 수 있음을 다룬다. 4장에서는 책 쓰기는 글쓰기 훈련만이 답임을 다룬다. 5장에서는 내 인생을 되짚으면서 책 쓰기를 시작할 수 있음을 다룬다. 마지막으로 7장에서는 『시니어 맞춤 책 쓰기 7단계: HISTORY-

BOOK」을 다룬다. 건강을 관리하라(Health), 통찰하라(Insight), 온리 원 스토리를 찾아라(Story), 필사하라(Transcription), 마음을 열어라(Opening Mind), 기억을 소환하라(Recall), 창조된 청춘을 살아라(Youth).

책 쓰기로 시작된 나의 최고의 순간

이 책을 쓰면서 더 이상 늙음에 대해 서러워하지 않게 되었다. 글을 쓰고 책을 쓰면서 평생 시니어 작가로 새 인생을 살아갈 수 있게 되었기 때문이다. 마치 극기 훈련과도 같았던 지난 인생길이었지만 성실히, 알뜰히, 정성껏 살았더니 이렇게 좋은 날이 선물처럼 나에게로 왔다. 너무도 감사하다.

글쓰기 · 책 쓰기에 관한 책을 읽는 과정에서 책을 쓰기만 하면 인생을 역전할 수 있다고 소개하는 책들이 참 많았다. 그러나 나는 그 말에 귀를 쫑긋 세우지는 않는다. 책 출간과 동시에 육체노동자의 삶에 마침표를 찍고자 하는 성급한 바람도 없다. 이 책이 출간된 뒤에도 육체노동자와 문장노동자를 번갈아 살아가면서 책을 읽고 쓰는 인생을 마음껏 즐길 것이다. 이 책 출간 덕분으로 노년에 '시니어 작가'라는 제2의 직업을 하나 더 갖게 되었으니 그보다 더 바랄 것이 없다.

노동 현장에서 나의 호칭은 '이모님'이다. 그 정겨운 이름 옆에 '시니어 작가'라는 호칭이 하나 더 붙었으니 내 인생은 그야말로 대박이다. 바로 이것이 내가 그토록 오랜 세월 끌어당겼던 최고의 순간이 시작된 것이리라!

목차

chapter 3
글쓰기의 연금술을 깨달아라

chapter 4
책 쓰기, 훈련만이 답이다

chapter 5
내 인생을 되짚으며 시작하자

chapter 6
시니어 맞춤 책 쓰기 7단계: HISTORY-BOOK

chapter 1 ————————————

책을 쓰기로 한 이유

10년 이상의 세월 동안 노동자의 삶을 버티어냈고, 버티면서 부끄럽지도 비참하지도 않았다. 그러나 많이 지치고 막연한 희망 앞에서 무너졌던 나를 다시 일으켜 꿈 앞에 세우고 싶었다. 그래서 노년에 불어온 나도 책을 쓰고 싶다는 '헛바람'이 반가웠다. 그래서 미친 듯이 계속해서 열정적으로 헛바람을 피워보기로 했다. 꿈의 실현을 위해 가장 필요한 건 지치지 않는 것이다. 천천히 희망의 근거를 마련하면서 나만의 속도로 꿈을 향해 나아간다면 날씨가 좋은 날 햇볕을 쬐는 따스한 일상처럼 꿈 속에 따뜻하게 머물면서 살 수 있지 않을까 하고 기대해본다.

1

책을 쓰고 싶은 '헛바람'

육체노동자가 되다

나는 육체노동자다. 10년 이상 하던 학습지 교사를 그만두고 나서 한동안 전업주부로 있다가 재취업을 하려 하니 중년을 넘긴 내가 딱히 일할 수 있는 곳이 없었다. 우리 동네 어귀에는 편의점이 한 개 있다. 그 앞의 전용 가판대에는 교차로라는 생활 정보지가 꽂혀 있다. 부자가 되고 싶었는데 길을 잃고 휘청거리며 방황하던 나는 교차로 한 장을 집으로 가지고 와서 몇 날 며칠 동안 구인 구직난을 뒤적여보았다. 신문에 빼곡히 자리하고 있는 일들은 100% 육체노동뿐이었다. 일할지 말지를 망설이는 나를 다그치며 돈이 되는 일은 닥치는 대로 해보자고 결심했다.

처음 시작한 노동은 중국집 홀 서빙이었다. 무거워도 너무 무거운 접시들을 두 개, 세 개씩 포개어 들고 넓은 홀을 종횡무진 왔다 갔다가 하면서 하루 12시간을 버텨냈다. 오후에 휴식 시간이 2시간이나 있어서 참다행이라고 생각했었다. 그런데 코로나19의 충격을 맞은 불운한 주인은 직원들을 하나둘 내보내야 했고, 나도 해고당했다. 또다시 교차로 신문

한 장을 집으로 가지고 와서 일자리를 찾기 시작했다. 그 후에 시작한 일이 가정 클리너 일이었다. 가정 클리너 일을 하겠다고 마음먹기까지는 더욱더 독한 마음이 필요했다.

허황된 일에 들뜬 헛바람

가정 클리너 일을 하기 위해 매일 방문하는 가정에서 노인들을 자주 만났다. 모든 노인이 그러한 것은 아니겠지만 대부분의 평범한 노인들은 그냥 앉아서 오랜 시간 TV를 보거나 자식들의 전화를 기다리거나, 간단한 집안일과 가벼운 운동을 하면서 하루를 살아간다. 이제 막 60세가 된 나는 그들 곁에서 일상을 함께 하며 늙는다는 것에 대해 이런저런 생각을 많이 하게 되었다. 늙는다는 것은 단지 신체적으로 더 약해지고 인지적으로 더 둔해지는 것을 의미하는 것일까? 오랜 세월을 살면서 경험한 것들을 바탕으로 성취감 있는 노년의 삶을 사는 것은 불가능한 것일까? 노인이라는 관념에만 매달려 인생의 성장을 너무 일찍 포기해버리는 것은 아닐까? 나이가 인간의 성장과 한계를 규정해서는 안 되지 않을까? 나는 과연 어떻게 다르게 멋지게 아름답게 늙어갈 수 있을까?

나이가 들어서 육체노동을 선택한 후에 마음이 매우 초조했다. 하늘과 맞닿아 있는 동아줄을 잡듯 책을 손에서 놓지 않으려고 애쓰면서 살았다. 책상 위에는 마음에 강한 메시지를 남긴 책들을 소망이 담긴 돌탑을 하나하나 쌓듯 높이 쌓아놓았다. 그 책들을 뿌듯하게 바라보며 혼잣말을 매일 반복해서 했다. 몇 번 더 읽어야지, 아니 뼛속까지 스며들 때까지 계속 읽어야지 하고 말이다. 그런데 이 책들이 문제였다. 어느 때부터인가 나도 책을 쓰고 싶다는 헛바람이 들어버린 것이다. 헛바람의 국어사전 의미는 쓸데없이 부는 바람, 허황한 일에 공연하게 들뜬 마음을 비유적으로 이르는 말이다. 책은 책 쓰기의 강력한 영향력에 대해서 마구마구 쏟아내며 나도 책을 쓰고 싶다는 헛바람을 계속 불어넣었다. 게다가 60대는 신중년일 뿐이지 결코 노인이 아니라는 나이에 대한 새로운 정체성을 씌워주기까지 했다. 그 헛바람에 나의 심장은 설렘으로 요동치기 시작했다.

새로운 인생길을 열어주는 책 쓰기

조영석은 『무기가 되는 책 쓰기』에서 다음과 같이 말했다. "새로운 기회를 찾던 이들이 책 쓰기를 통해 인생의 새로운 길을 열어나갔고, 책 쓰기는 여전히 기회가 있으며, 책은 누구나 쓸 수 있고, 당신은 꼭 책을 써야 한다."

이 나이에, 이 경력에 책을 쓰겠다는 것은 정말 어처구니없는 헛바람이 맞다. 그런데도 나는 내 생애 첫 책 쓰기의 여정을 떠날 준비를 하기 시작했다. 그런데 어느 날 느닷없이 책은 엉뚱한 질문을 내게 던졌다.

"당신은 누구로 인식되어 있는가? 당신은 어떻게 퍼스널 브랜딩되어 있는가? 책 쓰기 전에 자신에게 진짜 지식이 있는가?" 이런 황당한 질문을 던지는 책을 향해 나는 투정 섞인 의문을 쏟아내었다. "뭐라고! 그렇다면 누구나 책을 쓸 수 있는 것이 아니네!" 책을 쓰기 위한 진짜 지식이 있느냐는 질문 앞에서는 한없이 위축되었다. 그러나 책이 너무 쓰고 싶어서 계속 책 쓰기에 매달려야만 했다. 책 쓰기로 지금까지와는 다른 삶을 꿈꾸고 있었기에 포기할 수가 없었다. 어떻게 해서든지 책 쓰기를 하면서 나의 이야기와 나만의 메시지를 찾고 싶었다. 어떻게 늙어야 하는지에 대해서도 배우고 싶었다. 뒷방 노인이 되어 오늘 뭘 하지? 하며 습관적으로 켜둔 TV 앞에서 하는 일도 없이 보내고 싶지도 않았다.

쓰기 때문에 알게 되는 책 쓰기

책 쓰기는 내가 살아온 시간 속에서 실패와 좌절, 성공과 노력을 통해 얻은 프레임과 문제해결력을 찾고 정리해내는 과정이다. 책을 쓰는 동안 진정한 자신과 마주하게 될 것이다. 지난 세월 동안 경험한 모든 일 앞에 여유와 행복감으로, 때로는 만약 그때 그 길을 선택했다면 하는 뼈저린 후회와 반성으로 마주하기도 할 것이다. 이 과정의 진정성 있는 시작은 '나는 누구인가? 나의 핵심 메시지는 무엇인가?'라는 것부터 찾는 것이다.

책 쓰기를 통해 평범한 직장인에서 자신의 이름을 세상에 알린 故 구본형 작가는 다음과 같이 말했다. "알기 때문에 쓰는 것이 아니라 쓰기 때문에 참으로 알게 된다. 책을 쓴다는 것은 잘 배우는 과정 중의 하나다." 그의 말처럼 책 쓰기에 대해 배우고 익히면서 내 생애 첫 책 쓰기를 할 것이다. 그리하여 전달되고 느끼게 하는 의미 깊은 감동적인 메시지를 내 이야기와 책에 담으면서 아름답게 늙어가고 싶다.

2

노년에 잠든 가능성을 깨우는 책 쓰기

나는 답을 찾는 데 번번이 실패하는 질문이 있다. '나는 어디서 왔는가? 나는 어디로 가는가? 나는 누구인가?' 그런데 이 질문의 답을 찾는데 실패하는 것이 나만은 아니지 않을까. 요즘 묵상 중에 자주 떠오르고 있는 한 장면이 있다. 그것은 바로 천사와 씨름하는 야곱의 환영이다. 야곱이 기도를 하던 중 누군가를 만나 밤새도록 씨름했는데, 야곱은 축복을 줄 때까진 절대 놓지 않겠다고 떼를 썼다. 야곱과 씨름한 상대는 하느님의 천사였다. 창조 에너지가 담긴 한 권의 책을 쓰고 싶은 나는 야곱처럼 하느님께 간절하게 매달리고 있다.

자신과 소통할 수 있는 비법

베이비붐 세대로 태어나 어느새 노년을 맞았다. 인생에서 처음 맞는 노년이니 낯설기 짝이 없다. 60여 년을 살면서 여러 곡절과 시련이 있었다. 인생의 초라함과 쓰디씀에 아파하기도 했다. 그 대부분의 경험이 고스란히 나의 의식과 무의식에 스며들어 있을 것이다. 무의식은 의식보다

약 2만 배 이상 강력한 힘이 있다고 한다. 비밀스러운 힘을 지닌 무의식에는 많은 것들이 숨겨져 있다. 융은 "무의식은 참으로 무의식적이다."라는 말을 남길 정도로 무의식에는 알 수 없는 게 잔뜩 들어 있다. 미처 의식하지 못하는 무의식을 아는 것이 자기 자신을 알고 자신과 소통할 수 있는 비법이 될 수 있다.

무의식을 알기 위해서 좋은 방법의 하나가 글쓰기다. 희미하게 남아 있어 막연했던 생각들을 조금씩 글로 옮기면 생각지 못한 자기 앎이, 통찰이 종이 위에 펼쳐진다. 글쓰기는 과거의 경험과 기억을 하얀 백지 위에서 만날 수 있는 놀라운 힘을 가졌다. 제아무리 맞닥뜨리기 힘든 과거의 심경일지라도 숨겨져 있는 어두운 감정과 스토리를 언어화해서 쓰는 동안 묵은 감정과 상처에서 벗어나게 된다. 그럼으로써 자기 이해가 깊어져 자신의 모든 부분과 친해지고 더 사랑할 수 있게 된다.

글쓰기의 이 놀라운 가치를 세상에 하나밖에 없는 나의 자산으로 만들기 위해 고스란히 책에 옮겨 담고 있다. 더 나은 무엇인가를 성취하기 위해, 내가 가졌는지 미처 몰랐던 잠재 능력과 소통하기 위해 책을 쓰고 있다. 책 쓰기는 지금의 나를 벗어나 미지의 내가 되어보려는 애쓰기다. 아무리 큰 가능성이 내 안에 있다고 할지라도 그것을 흔들어 깨우지 못한다면 무슨 소용이 있겠는가. 나는 내 안의 거인을 흔들어 깨워 책 속에 담는다. 책을 쓰는 것은 결국은 내가 살아오면서 경험한 모든 것을 나의 언어로 풀어내는 작업이다. 책을 쓰면 틀림없이 이전과 다른 나로 살게 되므로 책 쓰기는 실질적으로 나의 인생을 바꾸는 전환점이 될 수 있다.

무의식에 새겨진 노년의 지도

늙었다는 것의 의미는 무엇일까? 갈수록 부실해지는 몸을 가진, 노쇠와 약함만을 지닌 연령대로 진입하는 것일까? 생기가 없어지고 이런저런 병에 시달리며 사회생활로부터 멀어지는 무기력한 노인이 되어가는 것일까? 사람들은 노년을 보는 나름의 이미지를 무의식 속에 갖고 있다. 노년에 대한 부정적인 무의식에서 나를 깨우지 않는다면 나는 늙었다, 아무짝에도 쓸모가 없다, 무기력하다는 것과 같은 부정어를 사용하며 노년을 보낼 확률이 높아진다. 21세기의 노년은 무의식에 새겨진 노년의 전형적인 풍경이 이미 무너졌음에도 말이다. 나이를 먹을수록 더 행복하고 더 만족스러운 노년을 즐길 수 있다는 사실을 아는 사람은 극소수에 지나지 않는다. 무의식에 새겨진 노년의 지도를 고치기가 그만큼 어렵고, 그만큼 큰 노력이 필요하기 때문이다. 그렇다면 어떻게 해야 할까? 삶의 대전제를 다시 세우면 된다. 노년의 삶에 대해 가지고 있던 그릇된 신념과 낡은 가치들을 다 파헤친 뒤 다시 쌓아서 올리면 된다.

현실을 결정하는 것은 머릿속 생각의 그림이다. 인생은 자기가 생각한 대로 대부분 된다. 그러므로 뒷방늙은이가 되어 가만히 생의 마지막을 기다리는 노년의 그림을 그려서는 절대로 안 된다. 경제적으로 그리고 정신적으로 가장 풍요롭고 활기찬 노년의 그림을 그리자. 60, 70, 80 그리고 90세를 하나의 당당한 인생 단계로 바라보며 무엇을 할 수 있으며 어떤 경험을 누릴 수 있을지 끊임없이 상상하자. 상상한 대로 우리의 노년 인생이 펼쳐질 것이다.

노년의 가능성을 캐내는 책 쓰기

무의식 속에 잠자고 있는 잠재 능력을 깨울 수 있다면 노년 인생은 한층 더 새롭게 창조될 수 있을 것이다. 너무 늦어서 우리의 잠재 능력을 발견하지 못하는 경우란 절대 없다. 100세 시대에 하고 싶은 것들이 많이 있겠지만 책 쓰기를 해보자. 故 이어령 작가는 다음과 같은 말을 했다. "누구나 마음속에 생각의 보석을 지니고 있다. 다만 캐내지 않아 잠들어 있을 뿐이다." 책을 쓰면서 어제 살았던 인생 안에 담겨 있는 생각의 보석들을 캐내 자신의 언어로 표현하면, 오늘 더 나은 인생을 살아갈 수 있다. 책 쓰기는 생각하는 것 이상으로 막강한 힘을 지니고 있으니 노년 인생을 개척하려는 우리가 꼭 해볼 만한 일이다.

사람들이 도전을 망설이는 까닭은 안일함의 늪과 막연한 생각 탓일지도 모르겠다. 해보지 않은 것은 두렵게 느껴진다. 그러나 일단 시작하기만 하면 도전은 더 이상 두려움의 영역이 아니고, 내 생활 안에서 만날 수 있는 활기찬 일상이 된다. 행복이 누릴 줄 아는 사람의 몫인 것처럼 도전도 게다가 노년의 도전은 먼저 시작하는 사람의 몫이다. 그 도전은 분명 노년의 일상에 생기와 고마움을 가져다줄 것이다.

오직 '나를 찾기 위해서' 예순다섯에 도보 여행가에 도전한 사람이 있으니 『내 나이가 어때서』의 저자 황안나 작가다. 초등학교 선생님이던 그녀는 60세를 코앞에 둔 어느 날 그동안 살면서 '나는 없었다'는 생각이 불현듯 들었다. 그녀는 그대로 노년을 맞으면 가슴 속에 한이 너무 많을 것 같은 절박함에 정년을 7년 앞두고 학교를 그만두었다. 그리고 65세부터 800km 국토종단, 4,200km 국내 해안 일주, 산티아고, 네팔, 홍콩, 몽골, 동티베트, 아이슬란드, 시칠리아 등 50개국을 여행했다. 무엇을 시작하기에는 너무 늦었다는 주위의 말에 아랑곳하지 않고 내 나이가 어때서 하면서 도전의 삶을 살았다. 황안나 작가는 60세가 넘었을지라도 어디든지 갈 수 있고, 무엇이든 할 수 있고, 무엇이든 되기 위해 도전할 수 있는 충분히 이른 나이임을 삶으로써 증명해주었다.

'책을 쓰고 싶다'는 열망이 처음 생겼을 때 '이 나이에, 이 경력에, 내가 어떻게?' 하면서 밀어내기만 했었다. 그런데 그 두려움을 떨쳐버리고 한 글자 한 글자 써 내려갔더니 책을 쓰는 것은 더 이상 근접 불가 영역이 아니게 되었다. 나도 모르는 사이에 책을 쓰는 동력이 생겼다. 내가 원하든 원치 않든 100세 시대라고 하는데 사는 날까지는 이렇게 책을 읽고, 쓰는 인생에 도전하면서 살아야지 하고 생각하니 행복해진다.

너무 늦은 때란 없다. 어느 나이든, 어느 때든 자신의 길을 찾고자 한다면 최고의 나 자신에 도달할 수 있다. 자신을 찾는 길에서 만난 책 쓰기는 일상에서 순간순간 보는 것, 듣는 것 그리고 사는 것들에 대해 행복하고 긍정적인 언어들과 손잡고 갈 수 있도록 최고의 마법을 부린다. 신체적으로 기능 약화나 퇴화를 경험하면서도 더 나은 내일을 향해 노력할 수 있도록 나를 깨우기도 한다. 책 쓰기는 노년을 쇠퇴와 하락, 두려움으로 받아들이기보다 잠들어 있는 가능성을 깨워 풍요롭게 살 수 있게 돕는다. 책 쓰기는 노년을 맞은 당신을 진짜 삶의 주인공으로 우뚝 서게 할 것이다.

3

나다운 삶을 살게 하는 책 쓰기

열정의 물살

'열정'이란 말을 수십 년 전에는 입에 자주 올리며 살았었다. 그때 내가 품었던 열정은 사랑의 열정도 청춘의 열정도 아니었다. 더 강하고 더 깊은 믿음의 열정이었다. 열정은 몸을 던져 물살의 흐름에 맡겨버리는 것이다. 그렇게 시작됐다. 믿음의 열정 안에서 하느님과의 만남이. 시작부터 평탄하지 않았다. 가족의 극심한 반대에 부딪혔다. 그런데도 열정의 물살은 나를 수도원의 공간으로 옮겨놓았다. 수도원에 자식을 보내는 부모들은 결혼시키듯 이것저것 생필품들을 정성껏 준비해준다. 나는 집에서 쓰던 내 이불과 물건들을 주섬주섬 담아 나 홀로 집을 떠났다.

수도원에 도착한 첫날부터 이곳은 내가 원하는 곳이 아니라는 생각이 희미하게 들었다. 그곳이 아닌 다른 곳으로 가야 한다는 생각으로 늘 마음이 불편했다. 믿음 안에서의 사랑은 두 사람이 동시에 서로의 존재 때문에 충만해지는 것이 아니라 혼자서만 애태우는 외사랑 같았다. 그래서 많이 외로웠다. 그러나 꼭두새벽부터 이어지는 빽빽한 수도원의 시간표는 내가 외롭다는 것을 알아줄 틈이 없었다. 구도하는 사람들도 그냥 평범한 사람들이다. 그래서 나로 인해 그리고 다른 수녀님들과 함께 지내면서 아주 많이 아팠다. 절대적으로 순명해야만 하는 새로운 삶의 양식에 마음 깊은 동의가 일어나지 않았다. 독립적으로 살고 싶은 갈증이 너무 커서 공동체로 묶여 있는 일상이 매우 답답했다. 마음의 소음을 떨치기 위해 나 홀로 훌쩍 떠날 수도 없었다. 아침에 눈을 뜨면 직관과 가장 맞닿은 그 짧은 순간에 늘 죽을 것만 같은 불안감에 휩싸였다. 지금 생각하면 그때 난 초기공황장애 증세를 보이고 있었던 것 같다.

13년이 지나서야 내가 그 믿음의 열정을 완성할 수 없는 사람이라는 것을 인정할 수밖에 없었다. 13년 2개월을 버티었으면 됐다. 그만하면 됐다. 나는 내 인생을 나 자신의 의지대로 마음껏 살아보기 위해서 수도원을 떠나기로 했다. 수도원에 들어갈 때는 그 무엇보다도 하느님의 뜻이 중요했지만, 그곳을 떠날 때는 오로지 내 뜻만 생각했다. 내가 원하는 것이 과연 무엇인가? 나는 어떻게 하면 행복해질 수 있을까? 그 생각에만 집중했다.

고된 세상살이

나를 제대로 만나기 위한 여행이 시작되었다. 이제 누구보다 행복한 사람이 되어야 한다. 수도원을 나오던 날 문밖에서 친구가 기다려 주었다. 친구의 손을 잡고 낯선 곳, 세상에 도착했다. 너무도 낯선 곳이 되어버린 세상에서 내가 처음으로 간 곳은 공중목욕탕이었다. 뜨거운 물에 온몸을 담그고 싶었다. 수도원에서 한겨울이면 얼음장 같은 방바닥에 두 발을 디디면서 하루가 시작되었다. 하루의 일과가 끝나 방에 들어가면 방이 너무 추워 부르르 떨리는 몸을 패딩 잠바와 이불 속에 구겨 넣으면서 잠을 잤다. 그때 생각했었다. 뜨거운 물에 온몸을 담그고 싶다! 그때의 소원이 이루어졌다. 이렇게 하나씩 하나씩 내 소원을 이루어가면서 행복해져 보자. 서두르지 말자.

세상은 모든 것이 달라져 있었다. 아니다. 내가 모든 것을 잊어버려서 새로 다 배워야만 했다. 생각하는 법, 사람을 만나는 법, 전화 거는 법, 은행에서 돈을 찾는 법, 돈을 버는 법…. 그러나 내가 살아야 할 방향은 분명했다. 수도원을 떠나던 날 하느님 앞에서 무릎 꿇고 약속했던 딱 한 가지가 있다. 가족들에게 경제적으로 짐이 되지 않고 씩씩하게 잘 살겠다는 것. 그러나 버티는 것이 참 힘들었었나 보다. 어느 날 그냥 무심히 적어 내려간 어설프기 짝이 없는 시 한 편이 남아 있어 그때의 막막한 감정을 다시금 느낄 수 있었다.

출구

어떤 날에
삶의 출구가 막혔다
동이 막히고 서가 막히고
남이 막히니 어라 북도 막혔다

사방이 막힌 그곳에서
고된 노동으로 손가락 마디는
저도 모르게 휘어진다
앞집도 쉬고 뒷집도 쉬는 휴일인데
나는 집을 나서 일터로 향한다

몸이 무겁고 힘든 만큼
마음에는 어둠이 내린다
삶의 방향을 잃고
아니 방향을 찾는 것조차 잊어버린 채
1년, 2년, 3년…,
그렇게 10년을 버티었다

10년이 지난 지금도

두 손에는 대걸레가 들려 있고

휴일에도 집을 나서지만

휘어진 손가락이 닿는

한 권 두 권의 책들이

막힌 삶의 출구를 열어준다

책 속의 글귀가

고되기만 한 몸속에

잠자고 있던 자아를 깨우고

깨어난 자아와 함께

세상으로 나갈 꿈을 꾼다

책 속의 에너지가

죽어 있던 나의 시간에

이렇게…

숨을 쉬게 하고 있다

책 쓰기가 찾아준 아름다운 나

그때의 시간을 떠올리니 내가 참 애틋하고 코끝이 찡해진다. 암담하고 벅찼던 세상살이였지만 전부 불행했다고 할 순 없다. 나는 나름의 방식으로 하루하루를 성실하게 살았고, 그 시간이 쌓여 경제적으로 큰 어려움이 없이 노년을 보낼 수 있게 되었으니 하느님과 한 약속은 지켜냈음이 틀림없다. 게다가 어디든 함께 걸을 수 있는 남편도 만났으니 행복을 찾았다고 해도 괜찮을 것 같다.

낯선 세상 속에서 살얼음판을 걷듯 살다 보니 수도원에서 살았던 시간을 오랫동안 잊고 살았다. 책을 읽다가 글쓰기로, 글을 쓰다가 책 쓰기로 이끌리면서 내 생애 밖으로 밀쳐두었던 그때 그 시간이 자꾸자꾸 되살아난다. 그것도 아름다운 기억과 행복했던 시간으로 말이다. 얼음장 같은 방바닥에 두 발이 닿자마자 무릎을 꿇고 성호를 그으면서 하느님의 현존 속으로 스며들었었다. 성당에 모여 수녀님들과 아름다운 음률을 담아 '하느님 날 구하소서!' 하며 함께 드리던 성무일도와 성가는 얼마나 거룩했던가! 침묵 속에서 이어지던 매일의 긴 묵상 시간, 많이 졸았던 기억이 나서 피식 웃음이 난다.

버리고 온 세월에 아름다움의 옷을 입히기 위해서 그토록 혹독한 노동이라는 재물이 필요했었나 보다. 이 놀라운 마음의 반전을 이루어낸 것은 책 쓰기다. 책을 쓰면서 풍부한 마음과 생각들이 내 안에 스멀스멀 피어난다. 그 생명의 향기가 과거의 삶에 생기를 불어넣어 준다. 내 시간을 나답게 살면서 과거의 시간으로 나를 생채기 내지 않는 힘도 생겼다.

나다운 삶의 시작

나다운 게 뭔지 도통 알 수가 없었는데 이제는 알 것 같다. 나다운 것이란 자신에 대한 이해를 바탕으로 스스로 판단하고 결정하며 삶을 일구는 것이다. 지난 과거의 삶과 지금의 삶이 조화를 이루어가고 자신을 신뢰하고 존중할 수 있을 때 나다운 삶이 시작될 수 있다. 무엇을 좋아하는지, 무엇을 원하는지 자신에 대한 감각을 되찾는 것도 나다운 삶을 사는 것이다. 자신이 원하는 삶을 미지의 영역으로 남겨두지 않고 성장시키는 것도 나다운 삶을 사는 것이다.

책 쓰기를 하면서 진정으로 내가 되는 감각을 되찾아가며 나란 존재를 느끼고 있다. 책 쓰기를 하면서 머릿속의 생각을 어떻게든지 언어로 현실화했더니 과거에 대한 치유가 일어난다. 내가 걸어온 길이 아름다워 보인다. 더 잘 살고 싶어진다. 더 잘 살고 싶어지게 만드는 것이 책 쓰기이다. 어쩌면 책 쓰기는 인생을 통째로 느끼고 사는 것일지도 모른다. 매일 책 쓰기를 하며 나다워지는 일상은 나이가 드는 건 생각보다 참 괜찮은 일이라는 하얀 백지의 마법도 부려주니 참 고맙다.

4

일상을 빛나게 하는 책 쓰기

나만의 언어를 담는 책 쓰기

에모토 마사루의 『물은 답을 알고 있다』는 물에 관한 책임에도 불구하고 깊은 영적인 지식이 잘 스며있는 책이다. 이 책의 가장 큰 성과라고 한다면 눈에 보이지 않는 것을 눈에 보이게 만들었다는 것이다. '사랑과 감사'라는 글을 보여준 물은 황홀할 정도의 아름답고 완벽한 육각형의 결정체를 만들었다. 이 실험은 좋은 말을 하면 그 진동음이 물질을 좋은 성질로 바꾼다는 것을 보여주었다. 반대로 '멍청한 놈', '짜증 나' 등의 부정적인 말은 물의 결정체를 만들지 못했다. 나쁜 말을 던지면 파괴적인 에너지 파동이 생기기 때문일 것이다.

우리는 자신이 느끼는 생각과 감정에 가장 가까운 단어를 골라서 표현하고 소통하면서 살아간다. 그러나 그 단어의 파동이 얼마나 엄청난 파급을 일으키고 있는지에 대해서는 소홀하고 무심하다. 일상에서 끊임없이 사용하는 나만의 언어를 심도 있게 바라보게 하는데, 책 쓰기만 한 게 없다. 책 쓰기를 위해 하루의 채널이 맞추어지면 독서량이 많아지면서 수백 개, 수천 개의 단어와 문장들이 일상 속으로 쏟아져 들어온다. 책을 읽으면서 만난 문장들을 통해 아직 정리되지 않은 생각과 메시지를 표현할 수 있는 빛을 받는다. 때로는 그 표현이 너무도 절묘해서 세상을 다 얻은 것처럼 기쁠 때가 있다. 『책 쓰기는 애쓰기다』의 저자 유영만은 책 속에서 만난 문장들에 대해서 다음과 같은 말을 했다. "폐부를 찌르는 통찰이 담긴 문장을 만나면 당연히 밑줄을 긋고 형광펜으로 다시 옷을 입혀놓는다(…) 진짜 부자는 문장 부자라고 생각한다."

책을 쓰는 사람의 일상

책을 쓰겠다고 컴퓨터 앞에 앉으면 그 순간 덜컥 예술의 신(神)인 뮤즈가 좋은 문장을 가져다주는 것은 아니다. 문장은 자신이 쓰고자 하는 책 주제에 맞는 단어와 단어를 수없이 떼었다 붙이면서 온갖 감정과 경험을 담아낸 고뇌의 산물이다. 그래서 자신의 인생을 문장으로 만드는 작업인 책 쓰기는 참으로 험난한 과정이다. 책을 쓰는 사람의 일상은 가히 뜻을 구하는 구도자와도 흡사하다. 책을 쓰는 내내 허투루 보낸 시간 앞에서 자신을 꾸짖는다. 책 주제를 뜨겁게 달굴 수 있는 문장을 찾기 위해 자기와의 대화에 몰입한다. 때로는 아팠던 지난 이야기들이 떠올라 울부짖기도 한다. 울부짖는다고 아픔이 다 치유되는 것은 아니지만 적어도 아픔을 이해할 수 있는 내공은 깊어진다.

책 쓰기를 시작하면 대충 살려고 하는 삶과 이별하게 되고 어제와 다르게 살기 위해 절제되고 규칙적인 일상의 걸음을 내딛게 된다. 일상에서 느끼는 감정과 생각이 녹아든 글감들이 모여 한 권의 책에 담기면 그 책의 주제가 어떠한 것이든 고유한 '나'를 만나는 큰 수확을 얻을 수 있다.

일상에서 만나는 글감들

일상에서 수많은 글감을 만날 수 있다. 굵은 빗줄기를 온몸에 맞으면서 달리는 오토바이 배달 라이더들을 보면서 삶을 버텨내는 강인함을 그려본다. 명문대 학사 출신이면서도 이리저리 부대끼다가 청소 현장에서 동료로 만난 이의 삶에 담긴 신앙이 빛이 난다. 황혼 육아에 매여 노후마저도 자신보다 자식을 위해 사는 친구는 과연 얼마나 행복할까? 의문을 품어본다. 이렇듯 우리가 살아가면서 만나게 되는 사람들과 사건들에 관심을 가지고 그 의미를 찾아 꼼꼼히 언어로 옮겨 담는 책 쓰기는 일상을 창조하며 인생에 대한 큰 깨우침을 준다.

『매일을 헤엄치는 법』의 저자 이연은 자신만의 길을 걷기 위해 긴 시간 디자이너로서 일해 오던 회사를 나왔다. 퇴사 후 그녀는 자신의 사소한 일상에서 글감을 찾아 그림으로 그리고 글을 썼다. 5평의 방이 너무 좁아 침대 대신 매트리스에서 생활했던 이야기, 회사를 관두고 그냥 집에 누워 있는 이야기, 다른 강좌에 비해 가장 싸서 수영을 등록한 이야기, 막상 백수가 되고 나니 해가 너무 밝아서 부끄러워진 기분도 글감의 소재가 되었다.

그렇게 사계절 동안 평범한 일상을 글로 쓰고 그림으로 그렸더니 저자에게 새로운 인생이 시작되었다. 작가, 콘텐츠 만드는 크리에이터, 강연자, 70만 유튜버, 첫 책 에세이 부문 베스트셀러, 〈세바시〉 출연, 5평에서 살던 저자는 15평 개인 사무실도 생겼다.

『시 읽는 청소부』의 저자 신상조는 파산의 문턱에서 쓰기와 강의, 그리고 육체노동을 겸했던 일상을 일기처럼 엮어 책에 담았다. 저녁 여섯 시부터 새벽 다섯 시까지 죽도록 일한 저자의 야간 미화원 이야기, 화장실 변기가 막힌 이야기, 헤나로 바닥에 달라붙은 껌이나 오물을 긁어내는 이야기, 고된 노동으로 열 손가락 통증이 심해서 자판을 두드리거나 젓가락질하기조차 힘들다는 일상을 허투루 보지 않고 글감의 소재로 삼아 책에 담았다. 척박한 환경에서도 치열하게 자신의 일상을 글로 썼더니 저자는 비평가가 되어있었다.

일상은 쓰지 않으면 아무 의미 없이 과거의 시간 속으로 묻혀 버리지만 글감을 삼아 쓰면 현재와 미래에 살아남는다. 이연, 신상조 작가는 암담하고 막연한 일상을 책으로 엮어서 오늘보다 더 나은 내일을 자신에게 선물할 수 있었다.

나에게로 오는 길

나는 육체노동자다. 나의 하루 노동시간은 12시간이다. 정오 12시부터 자정까지가 근무 시간이다. 출근하기 전 오전에 3~4시간가량 책을 쓸 수 있는 시간이 있다. 이연 작가가 숲속 도서관에서 발견해 빛이 되었다던 『카네기 인생론』의 한 문장이 내게도 빛이 되었다. "너는 데일 카네기가 되어라. 다른 사람의 한계에 신경 쓰지 마라. 너는 자기 자신 이외의 것은 될 수 없다."

책을 쓰는 오전의 3~4시간은 온전히 나답게 나다워지는 시간이다. 카네기가 말한 것처럼 나는 나 자신 이외의 것은 될 수 없지 않은가. 책을 쓰기 위해 단어와 문장을 썼다가 지우고 또 쓰면서 나도 내가 정말 좋아하고 재미있는 일을 하는 행복한 사람이 되어가고 있다. 나에게는 이렇게 소중한 최고의 일상이 있기에 12시간 동안 이어지는 육체노동자의 일상에서 방황하지 않는다. 오히려 노동자의 일상은 새로운 인생을 준비하는 시간으로 창조된다.

『매일을 헤엄치는 법』에는 '내게로 오는 길이 너무도 멀었다. 늦어서 미안. 기다리고 있었어.'라는 말과 함께 눈물을 흘리면서 내가 나를 안아주는 만화 장면이 있다. 이 그림 앞에서 콧날이 시큰해졌다. 60세란 나이에 이게 무슨 때늦은 말도 안 되는 감성이고 사색이란 말인가? 그런데 책 쓰기는 이렇게 시시때때로 자신 속으로 스며들게 하는 마법을 부린다. 책 쓰기를 하며 나에게로 닿은 그곳이 참 따뜻하고 행복하다.

일상에서 만나는 글 빛

일상을 보자기에 싸서 책 쓰기에 담아버리면 나도 몰랐던 나를 만나는 일들이 자주 일어난다. 일상을 글로 쓰기 시작하면 내가 하고 싶은 일들, 내가 좋아하는 일들, 나의 사소한 생각들을 너무도 가벼이 여기면서 살았던 내게 용서를 구하게 된다. 일상이 글 속의 빛과 만나면 나를 둘러싼 세계가 점점 더 넓어지고 선명해진다. 아침마다 지역 도서관의 이 자리에 매일 앉아 3~4시간 동안 책을 쓰고 있는 일상에서 이런 신비한 일들이 일어나고 있다. 나는 너무도 감사하고 행복해서 울 것만 같다. 책을 얼마나 잘 쓸 수 있을지, 내 책이 얼마나 독자들의 관심을 받을 수 있을지는 잘 모르겠다. 그러나 그보다 더 우선시해야 하는 것은 책을 쓰는 나의 일상이 더 재미있고 더 행복해지도록 해야 하는 것이 아닐까. '가장 개인적인 것이 가장 창의적이다.'라는 말도 있지 않은가. 책 쓰기를 즐기는 일상에서 찾은 나다움은 나만의 언어로 나의 이야기를 창조적으로 쓸 수 있게 한다.

송숙희는 『오늘부터 내 책 쓰기 어때요?』에서 "우리는 모두 자기 인생의 작가입니다."라고 말했다. 행복, 사랑, 바램, 아픔, 좌절, 가난…, 인생의 모든 질곡이 이야기되어 흐르고 있는 우리의 일상은 글이 될 수 있고 책으로 창조될 수 있다. 책 쓰기, 그리 쉬운 일은 아니지만 시작하면 누구나 할 수 있는 일이다. 나도 해내고 있다.

마음먹기에 따라 우리의 노년은 삶의 겨울이 아니라 새로운 봄이 될 수 있다. 우리 함께 더 높이, 더 넓게, 더 즐기며 살아가는 새로운 노인 세대들로 등장해보자. 그 일을 끝까지 해낸 사람은 자기 인생의 당당한 주인공이고 작가다.

5

날마다 새로워지는 100세 시대 살기

21세기 노년의 풍경이 변했다. 특히 수명은 1960년에 비해 반세기 만에 가히 혁명이 일어났다고 할 만큼 늘어났다. 길어진 수명을 생각하면 21세기의 노년은 그 어느 시대보다 예측하기 어려운 노년기를 맞이하고 있다고 할 수 있다. 지금까지의 노년 개념만으로는 해결이 안 되는 문제들이 생겨났기 때문이다. 우리가 이 시기를 제대로 인식한다면 축복이 되겠지만 무시하거나 준비하지 않는다면 재앙이 될 것이다.

노년에 잠든 잠재력을 깨우라

노년은 누구에게나 다가오지만, 그것을 인식하고 받아들이는 방법은 사람마다 다를 것이다. 아직도 건강하고 젊다며 자신감에 넘치는 노년이 있는가 하면, 끝난 인생처럼 과거를 회상하며 애매한 불안감에 휩싸여 보내는 노년도 있을 것이다. 그렇다면 우리는 어떤 노년을 기획할 수 있을까? 우선 노년의 가치를 깎아내리는 메시지에 세뇌당한 우리의 뇌를 정화하고, 큰 가능성을 지닌 노년의 의미에 관심을 가져보자. 노년에 대해 제대로 생각하지도 않고 준비할 여유도 없었던 나를 되돌아보고 조금씩 늙음에 대해, 나이 들어감에 대해서도 배워보자.

노년에 찾아오는 신체적 노쇠함은 어느 한 사람도 비켜나갈 수 없는 과정이기에 노년 인생을 사는 이들이 주로 하는 말은 인생의 마무리에 관해서다. 그러나 이제부터라도 노인들 내면에는 아직 싹을 틔우지 못한 채 잠들어 있는 무한한 잠재력이 있다는 것에도 관심을 가져보자.

일본에서 최고 권위의 문학상인 아쿠타가와상의 2013년의 신인상 수상자가 75세의 할머니 구로다 다쓰고였다. 그는 사상 최고령 수상자다. 아쿠타가와상은 순수문학 분야의 신인 작가에게 주는 상이기 때문에 주로 20~30대 젊은 작가들이 상을 받아왔다. 이전 최고령 수상자는 1973년 61세의 나이로 상을 받은 모리 아쓰시였다. 구로다 다쓰고의 수상 소감에는 '이 나이에'라는 말은 어디에도 없었다.

우리나라에서도 2020년 조선일보 신춘문예 단편 소설 부분에 역대 최고령(62세) 당선자가 나왔다. 2006년 박찬순 작가가 예순의 나이로 등단했던 기록이 14년 만에 경신됐다. 당선자 김수영 씨는 직장에서 은퇴한 뒤 소설을 쓰기 시작했다고 한다. 그녀는 "나이가 들면서 나의 존재가 점점 사라지는 느낌이 들었고 누군가에게 인정받고 싶었다."라면서 "죽기 전에 한번 도전해보자 하고 신춘문예에 응모했다."라고 했다. "집이 좁아서 책을 기증하려고 했는데, 오래된 책은 도서관에서도 안 받아주더라고

요. 갈 곳 없이 밀려난 책들이 꼭 저 같았어요. 뭐든 새롭게 시작해봐야 겠다 싶었죠." 그녀는 남편 몰래 밤마다 컴퓨터 앞에 앉아 글을 썼다. 그렇게 글을 쓴 지 5년째, 신춘문예 도전 두 해 만에 당선이 됐다.

구로다 다쓰고, 김수영 작가는 노년에 이르러서도 잠자고 있던 잠재력에 꽃을 피우게 할 수 있음을 당당히 보여주었다.

100세 시대는 새로운 도전을 할 때

100세 시대는 축복인가, 재앙인가는 더 이상 남의 일이 아니다. 내 일이고 우리 모두의 일이다. 인생은 하늘로부터 미리 정해져 옴짝달싹할 수 없는 것이 아니라 충분히 바꿀 수 있다. 노년 인생도 바꿀 수 있다는 각오를 가지면 반드시 바뀐다. 누가 내 인생을 바꾸는가? 누구도 아닌 바로 나 자신이다. 그러므로 우선 자신을 믿어야 한다. '나는 노인이니까.'하는 노인최면에 걸려 아무런 희망없이 무기력하게 시간을 채워가며 하루하루를 살아서는 안 된다. 지나온 삶의 경험을 바탕으로 앞으로의 삶을 좀 더 풍성하고 행복하게 살겠다고 계획하고, 또 만들어가는 노년 인생이라면 100세 시대는 재앙이 아니라 축복이 될 것이다.

100세 시대의 노년 인생을 시작하면서 먼저 노년에 대한 개념을 새롭게 세워보자. 노년은 '인생의 마무리'가 아니라 '새로운 시작'을 할 때라고 말이다. 새로운 시작은 성공보다는 도전 그 자체에 가치가 있다. 모지

스 할머니로 알려진 안나 메리 로버트슨은 75세에 본격적으로 그림을 그리기 시작했고 101세까지 계속 그림을 그렸다. KFC의 창시자 할랜드 샌더스는 65세의 나이에 낡은 트럭을 가지고 전국 각지를 돌아다니며 자기 요리 기술을 팔기로 마음먹었다. 처음에는 미친 사람 취급받으며 비난받았다. 마침내 그가 68세가 되던 해에 1009번의 도전 끝에, 한 레스토랑과 계약을 하게 된다. 74세에 회사를 200만 달러에 팔았는데, 현재 가치로 환산하면 3,200만 달러이다. 『레미제라블』을 집필한 빅토르 위고는 거의 70세에 이르러 임시정부의 파리 대표, 의회 의원까지 겸해서 맡았다. 위고는 "내 몸은 쇠하고, 정신은 왕성하다. 노년이 꽃피기 시작했다."라는 위대한 말을 남겼다. 마비스 린그렌은 60대에 달리기를 시작했고, 그 후로 오랫동안 세계 각지를 돌아다니면서 시합에 참여했다. 이런 사례는 무수히 많다.

이렇게 큰 성공을 거둔 이들의 역사적인 사례가 평범한 우리에게 그다지 마음에 와닿지 않을 수도 있다. 그러나 노년에도 도전을 통해 최고의 자기 자신으로 꽃피울 수 있다는 메시지는 모든 이의 것이 될 수 있다. KFC의 창시자 할랜드 샌더스가 한 다음의 말은 노년이라는 이유로 도전을 망설이는 이들이 무엇인가 시작할 수 있도록 힘을 줄 것이다.

"저는 남들이 포기할 만한 일을 포기하지 않았습니다. 포기하는 대신 무언가 해내려고 했죠."

준비된 자에게만 축복인 100세 시대

인생 제2막, 노년 인생을 잘 살기 위해서 가장 중요한 것은 자신의 남은 삶에 의미를 부여할 수 있는 목적을 찾는 것이다. 그 목적으로부터 삶의 매 순간 방향성을 갖고 활기차게 살아 있게 하는 정신이 나온다. 그것이 없다면 노년 인생을 살아간다는 것은 무기력하고 지루하게 느껴질 것이다. 60년 이후 다시 30~40년이라는 시간을 리필 받아 인생 제2막을 시작하는 당신이 만일 아직 완전히 꽃피질 못했다거나 자기 잠재력을 완벽히 발휘하지 못했다고 생각한다면 아직 시간은 충분히 있다. 눈을 크게 뜨고 100세 시대의 열린 가능성을 바라보자. 60세를 넘긴 뒤에 시작해도, 70세를 넘긴 뒤에 시작해도 절대로 늦지 않다. 그런데 안타깝게도 지레 노인개념에 자신을 가두어 삶을 포기하거나 자기 집, 시설, 보호 센터 등에서 죽을 날만 기다리며 좌절하는 노인들이 너무도 많다.

조선의 성리학자 성호 이익이 노인의 좌절 열 가지를 말했는데, 그 내용이 절절하다. "노인의 10가지 좌절이란, 대낮에는 꾸벅꾸벅 졸음이 오고 밤에는 잠이 오지 않으며, 곡할 때는 눈물이 없고, 웃을 때는 눈물이 흐르며, 30년 전 일은 모두 기억해도 눈앞의 일은 문득 잊어버리며, 고기를 먹으면 배 속에 들어가는 것은 없이 모두 이 사이에 끼며, 흰 얼굴은 도리어 검어지고 검은 머리는 도리어 하얘진다." 내가 장난삼아 다음과 같이 보충해보았다. "눈을 가늘게 뜨고 멀리 보아도 잘 보이는데, 눈을 동그랗게 하여 크게 뜨고 가까이 보면 도리어 희미하며, 마음에는 아가씨가 있는데 자꾸 할머니라고 불러대고, 거울 속에 비친 모습은 여전히 젊은데 사진을 찍으면 늙수그레한 노인이 튀어나온다."

여러 형태의 육체적 노쇠현상들이 다가올지라도 정신적 영역은 더욱 성장할 수 있다. 멋지게 나이 든다는 것은, 육체적인 능력만으로 우리의 인생을 한정 짓지 않는 것이다. 노년은 성장을 멈추는 것이 아니라 새로운 방식으로 성장하는 시기다. KFC의 창시자 할랜드 샌더스는 성장하는 데 필요한 행동의 중요성을 강조하면서 다음과 같은 말을 했다. "세상에는 멋진 생각을 하는 사람은 무수히 많습니다. 그러나 행동으로 옮기는 사람은 드뭅니다." 지금 당신은 어떤 멋진 생각을 하고 있는가? 무엇이 되고 싶은가? 여행가, 작가, 학생, 요양 보호사, 사회 복지사, 시니어 모델…. 그것이 어떤 것이라도 좋다. 그 생각은 참으로 멋진 생각이다. 그 멋진 생각을 행동으로 옮길 때 당신의 노년 인생은 멋지고, 생기로 가득해지고, 더 행복해질 수 있을 것이다.

날마다 새로워지는 100세 시대의 축복

나는 '작가가 되어보자.' 하는 멋진 생각을 마음에서 길어 올려 매일 3~4시간씩 책 쓰기에 골몰하고 있다. 그래서 새로운 방식으로 아주 행복한 사람이 되어가고 있다. 지금, 이 글을 읽는 독자들의 노년 인생은 꽤 길어질 것이다. 그것이 재앙일지 축복일지는 인생 2막, 노년 인생을 어떻게 준비하느냐에 따라 달라질 수 있다. 변화하지도 성장하지도 않고 옛 노년 개념에 갇힌 채로 길어진 노년 인생을 보내려 한다면 앉아서 재앙을 기다리는 것과 같다. 내가 생각하는 것보다 훨씬 더 오래 살 가능성이 크다는 진실을 감사한 마음으로 받아들이며, 해마다 늙는 것이 아니라 날마다 새로워지면서 살 수만 있다면 100세 시대는 엄청난 축복이 될 것이다.

6

인생 2막의 아름다운 도전, 책 쓰기

미생인가 완생인가?

1980년대 엄청난 인기를 끌었던 노래가 있다. 가수 이진관의 〈인생은 미완성〉이다. 이 노래는 어차피 인생은 쓰다가 마는 편지이고 그리다 마는 그림인 것, 그럴수록 마지막 사는 날까지 곱게 쓰고 곱게 그려야 한다는 철학적 사유를 담고 있다.

'인생은 그 자체가 선물이다.'라고 말하지만 60여 년을 살아 보니 인생은 동화 같지만은 않았다. 크고 작은 것들에 가로막히기 일쑤여서인지 완생(完生)보다는 미생(未生)에서 버티며 살아왔다. 같은 하늘 아래서 나를 포함한 무수한 미생들이 일상을 버티며 완생을 꿈꾸며 살아가고 있다. 그래서 〈인생은 미완성〉이라는 노래가 대중에게 큰 공감대를 형성하고 사랑받지 않았을까.

미생의 시간에 만난 할머니

　2014년 마지막 달은 드라마 〈미생〉으로 세상이 들끓었다. 미생을 통틀어 나에게 가장 감동을 주었던 대사가 있다. "오늘 하루도 견디느라 수고했어. 내일도 버티고, 모레도 버티고, 계속 계속 살아남으라고." 나는 드라마에서 만난 한마디 대사에서도 힘을 받으며 하루하루를 버티던 미생의 시간이 있었다. 그때 주말마다 경중 치매를 앓고 계신 90세 할머니 한 분을 돌보러 갔었다. 할머니는 내가 머무는 8시간 동안 당신이 살아온 이야기를 갈 때마다 마치 녹음기라도 틀어놓은 듯 같은 말로 같은 내용을 반복하면서 들려주었다. 할머니는 6·25전쟁을 겪은 기막힌 세대였다. 할머니의 고향은 흥남 부두 근처였다.

　6·25 전쟁 중인 1950년 12월 1일부터 12월 26일까지 흥남에서 미군 10군단과 대한민국 1군단 그리고 피난민 10만여 명이 철수한 작전이 있었다. 김동리의 소설 『흥남 철수』 중에는 그때의 아수라장 같았던 상황이 생생하게 묘사되어 있다. 얼음판 위에서 밤을 새우며 배가 부두에 닿기를 기다리던 군중들은 배가 부두에 와닿자마자 미친 듯이 부두 위로 쏟아져 나갔다. 그때 아이를 잃어버리기도 하고 생명줄 같은 쌀자루도 잃어버리며 울고불고, 소리치는 난리가 벌어졌다. 그곳에는 그 배를 타고 남쪽을 향해 가야만 살 수 있다는 절박함만이 존재했다.

　할머니의 온 가족은 쑥대밭 같은 그 배를 타고 피난길에 올랐다. 태어난 지 십 개월 된 첫딸은 추위를 견디지 못해 할머니 품에서 얼어 죽었다고 했다. 모진 세월의 고통을 떠올리며 할머니의 얼굴에 깊게 팬 주름위로는 눈물이 후드득 떨어졌다. "아줌마, 나 83살까지 장사했어. 온갖 장사를 다 했어. 생선 장사, 채소 장사, 밥장사…, 나 장사 잘해! 그렇게 해서 자식들 공부 가르치고 먹고살았지. 나 정말 고생 많이 했어."

삶의 전쟁터에서 가족을 위해 온 힘을 다해 살아온 많은 이들이 노년을 맞이하면서 남편과 자식들이 알아주지 않을 때 몸과 마음이 서서히 허물어져 간다. 그다음은 죽음만이 유일한 탈출구라도 되는 듯 "에이, 빨리 죽어야지. 더 살아 뭐해!" 하는 마음에도 없는 말을 입에 달고 산다.

나는 할머니의 버텨내야 했던 길고 긴 미생의 삶이 내 아픔처럼 느껴져서 머무는 시간 동안 꽤 애쓰면서 돌봐드렸다. 할머니와의 만남은 나이를 먹으면서 서서히 드러나는 인생 여정의 끝에 대한 많은 생각을 할 수 있게 해주었다. 미생 안에도 완생 안에도 희로애락이 넘쳐나며 인생 여정은 계속된다. 그러나 그저 버티는 삶에는 충만한 존재감보다는 안간힘이 더 들어가기에 미생의 헛헛함이 가득하다.

책 쓰기로 이루어가는 노년의 꿈

미생과 완생은 바둑에서 나오는 용어다. 완생은 완전히 살아 있는 돌로, 외부로 향한 활로가 막혀도 죽지 않는 상태의 돌을 말한다. 미생은 바둑에서 완생할 여지가 남아 있는 돌이다. 바둑판 위에 의미 없는 돌이란 없는 것처럼 미생의 삶을 살고 있더라도 의미 없는 날은 단 하루도 없다. 미생은 절망이 아니라 꺼지지 않는 등대와도 같은 것이다. 우리는 등대와 같은 꿈과 목표를 가슴에 품고 미완의 인생으로 살아간다. 그런데 어떤 계기를 만나야 완생의 단계에 들어설 수 있을까? 미생 드라마 중에는 또 이런 대사가 있다. "장그래 씨, 삶이 뭐라고 생각해요? 거창한 질문 같아요? 간단해요. 선택한 순간들을 모아두면 그게 삶이고 인생이 되는 거예요!" 나는 앞서거니 뒤서거니 하면서 누구나 맞게 되는 노년을 맞이하고 있다. 그 어떤 생애 단계보다 이 노년 생애 단계의 선택에 촉각을 세우고 있다. 나이대로 살면서 존엄하고 품위 있게 인정받으면서 늙어가고 싶기 때문이다. 지금 선택하는 것이 모여 나의 노년 인생이 될 것이다.

우리는 나이에 관해 서로 다른 감각을 지니고 있다. 100세 시대는 이미 모든 사람에게 지극히 익숙한 말이 되었지만 100세 시대가 가져온 수명의 혁명적인 변화에 대한 각자의 준비는 심한 불일치를 낳고 있다. 60대에 자신을 노년이라 인정하는 사람들은 점점 사라지고 있지만 삶의 방식이나 노년 생애에 대한 가치관은 옛것을 그대로 유지한 채, 덧붙여진 30~40년 정도로 이해하고 있다. 삶은 통째로 이해되어야만 하는데도 말이다.

누구나 맞게 되는 노년이지만 모든 사람의 노년은 절대 같지 않다. 65

세가 되어 25~30만 원 정도의 연금만을 기다리는 빈곤층의 노년이 있는가 하면, 경제 상위계층의 노년도 있다. 노년에 가장 힘든 것이 경제적인 빈곤이라고 하지만, 존재감을 느끼지 못하며 버티는 노년은 경제적인 빈곤 못지않은 노년 위기를 가져올 것이다. 그렇다면 무엇을 어떻게 해야 인생 2막, 인생 3막에서도 존재감을 느끼면서 살아갈 수 있을까? 생의 체험을 한 줄 한 줄 글쓰기로 밀고 나가는 책 쓰기는 그 어떤 것들보다도 노년 인생에 존재감을 느끼게 할 수 있다. 책 쓰기를 통해 새로운 꿈을 갖게 되고, 치유 받고, 성장하고, 넉넉히 행복해지고 있는 나의 일상이 여실히 증명해주고 있다.

글이라는 누구나 할 수 있는 평범한 도구로 하얀 백지 위에 한 글자 한 글자 써가다 보면 자신만의 언어 감각을 갖게 된다. 머릿속에, 가슴 속에 흩어져 큰 의미가 없었던 이야기들이 구체적인 언어로 표현되면서 사고가, 마음 에너지가, 습관의 변화가, 그리하여 일상과 인생이 새롭게 창조되기 시작한다. 책 쓰기는 세상과 타인의 눈치를 보며 가졌던 가짜 꿈이 아니라 나에게 진정 의미 있고 소중한 꿈을 하나둘 이루어갈 수 있게 한다.

책 쓰기로 되찾는 노년의 존재감

나이를 먹는데도 꿈이 있는 건 아름다운 일이다. 나이가 들었음에도 꿈을 꾸고, 책을 읽고, 글을 쓰면 나만의 사유를 갖게 되어 충만한 존재감을 느끼면서 살아갈 수 있다. 글쓰기를 통해 시작할 수 있는 책 쓰기는 자신이 말하려는 주제와 메시지를 독자들에게 알리기 위해 많은 정보를 수집하고 종합하므로 자기 사유는 점점 더 깊어진다. 또한 선택한 주제 분야의 전문가가 될 수 있다. 100세 시대의 NEW 생존전략은 자기 분야의 전문가가 되는 것이다. 그리고 21세기는 그 전문 분야가 콘텐츠로 펼쳐지는 세상이기도 하다. 콘텐츠로 진정 의미 있고 소중한 것을 자기의 인생 안으로 끌어당기면 존재감을 충만히 누리며 완생을 살아갈 수 있다.

충만한 사유와 경험의 집약체라고 할 수 있는 콘텐츠를 담은 한 권의 책은 사람의 인생을 바꾸어 역전시키는 힘을 가지고 있다. 이렇게 책 쓰기가 가진 엄청난 영향력이 있음에도 불구하고 모든 사람이 책을 쓰지는 않는다. 책을 쓰지 않은 사람이 아니라 책을 쓴 사람이 되기 위해서는 나만의 책을 쓰고 싶다는 절박함이 있어야만 한다. 그리고 일정 기간 책 쓰기에 집중과 몰입을 할 수 있는 꾸준한 실천력도 필요하다. 책을 쓴 사람이 되어 내 책 쓰기의 효과를 온몸으로 체험하는 것은 인생 2막에 꼭 해볼 만한 아름다운 도전이다. 그리고 책 쓰기는 노년 인생에서 존재감을 누리며 살 수 있는 가장 쉽고도 강력한 도구라는 것을 잊지 말자.

chapter 2 ——————

책을 읽어야 쓸 수 있다

세상은 급변하고 수명은 늘어난다. 책을 읽지 않고서는 원숙한 노인이 될 수 없다. 빈껍데기로 쇠락해가는 육체만을 느끼며 장수해야 할지도 모른다. 책을 읽기 전에는 우리의 인생을 설명할 수가 없다. 책 읽기를 통해 체득한 단어와 문장은 어제보다 더 나은 나를 만들어가고, 나의 수준을 들어 높이며, 나의 세계를 확장하면서 인생을 바꾸어간다.

책 읽기는 인생을 더욱 빛나게 해주고, 글은 쓸수록 내가 된다. 그리고 책을 쓰면 평범한 인생 저편에 잔뜩 움츠리고 있는 보석을 꺼낼 수 있다. 더없이 소중한 삶으로 활짝 피어나게 해주는 책을 쓰기 위한 첫걸음은 책 읽기다.

1

책 속에서 찾은 나만의 인생 공식

눈물 날 정도로 고마운 책과의 인연

지역 도서관에서 책 쓰기를 하고 있다. 주말이면 공부를 즐겨하는 남편이 항상 동행하여 곁에 있어 준다. 참 든든하고 고맙다. 이 작은 도서관에도 이토록 많은 책이 꽂혀 있는데 지구상에는 얼마나 많은 책이 있겠는가! 오랜 세월 속에서 출간된 셀 수 없이 많은 책 중에 유독 이 시대에, 나와 만나 내 손에 쥐어진 한 권의 책과의 인연을 생각하면 눈물이 날 정도로 소중하다. 소중한 인연으로 맺은 책들은 크고 작은 영향을 미치며 내 인생을 변화시켰고 앞으로도 변화시킬 것이다.

책은 저자가 가지고 있는 모든 경험과 지식, 노하우를 꺼내어 세상 사람들에게 보여주기 위해 글로 적은 것에 불과하다. 그러나 그 책 속에 쓰인 하나하나의 글자들은 그냥 쓰인 것이 아니다. 저자의 생각과 경험, 숨결이 담겨 있어 창조적 에너지가 꿈틀대고 있다. 책 읽기를 통해서 저자의 모든 생각, 감정, 메시지와 직접적으로 소통할 수 있고 온통 나의 것이 될 수 있다. 제대로 된 책 읽기를 통해 제대로 된 생각을 할 수만 있다면 답답하고 암담한 현실의 궤도를 벗어나 꿈이 이루어지는 현실에 진입해 인생은 극적으로 변할 수 있다.

고된 노동에서 나를 구원해준 책

책을 읽지 않았더라면 무엇으로 마음에 위안을 얻었을까 싶다. 수도자로 살 때부터 노동자로 사는 지금까지도. 수도원에서 기도하고 묵상할 때 항상 품고 있었던 책은 단연코 『성서』였다. 성서는 그냥 책이라고 하기에는 부족하다. 그 까닭은 성서는 지식이나 문자로 쓰인 게 아니라 신의 입김과 성령으로 쓰인 듯해 우주의 기운이 넘나들기 때문이다. 성서를 읽으면서 다른 장르의 책에서는 경험할 수 없던 영성의 기쁨을 맛볼 때가 자주 있었다. 그 기쁨이 마음에 꽉 찰 때는 하늘에서 빛이 쏟아져 들어오는 것 같았다. 성서는 무한한 세계와 접속할 수 있도록 이끌어주며 인생을 완전히 바꾸어놓는 힘이 있다. 보이지도 만질 수도 없는 하느님을 성서 안에서 만나면서 10년이 넘는 세월을 수도자로 살았다.

수도원을 떠난 후에 노동자로 살면서 어려운 상황을 헤쳐 나올 수 있었던 것도 역시 책의 힘이었다. 월세와 공과금을 낼 수 없을 정도는 아니었지만 참 가난한 시절이 있었다. 처음으로 간절하게 부자가 되고 싶었다. 그때 우연히 읽게 된 책이 있다. 성서만큼이나 의지했던 책은 나폴레

온 힐의 『생각하라 그리고 부자가 되어라』였다.

카네기의 성공 비밀을 담고 있는 이 책은 고된 노동으로 지쳐가고 있던 나에게 한 글자 한 글자가 너무도 힘 있게 다가왔다. 막대한 부를 안겨주는 마법의 공식이 있다는 것을 읽으면서 커져 버린 희망 때문에 꽤 흥분했었다. 부의 비밀은 이 책 전체에서 100번은 언급되지만, 분명히 말하지는 않는다고 했다. 그 비밀은 각자가 찾아야 한다고 해서 아마도 10번 이상은 읽었을 것이다. 내가 찾아낸 부의 비밀은 이렇다. 부는 이미 내 안에 있어야만 맞이할 수 있다. 즉 부자가 되겠다는 분명한 목표, 끈기, 불타는 열망이 생각과 결합하면 부나 물질적인 대상으로 바뀐다는 것! 이것이 부자가 되는 마법의 공식이었다.

책이 가져다준 새로운 믿음 시스템

『생각하라 그리고 부자가 되어라』를 읽으면서 불현듯 오래전의 기억이 떠올랐다. 로마에서 유학할 때 한국에서 평신도 40여 명이 내가 머물던 수도원 공동체에 방문했던 적이 있다. 외국 수녀님들과 함께 수도원 대성당에서 한국 신부님을 초대해서 한국어로 미사를 드렸다. 미사를 드리는 중에는 자주 '이루어지소서!' 하면서 기도한다. 미사가 끝난 후에 외국 수녀님들이 "너희들, 계속 '소서, 소서!' 하던데 그게 무슨 뜻이냐?" 하고 물었다. 나는 우리의 기도를 이루어달라고 하느님께 청하는 거라고 설명했다. 이 기억을 통해 '아! 나는 부자가 되게 해주소서! 행복할 수 있게 해주소서!' 하면서 소망을 바라기만 하는 기도를 했다는 것을 깨달을 수 있었다.

이 책을 읽으면서 소망, 그 자체만 가지고는 부를 가져올 수 없다는 것, 그보다는 이미 이루어졌다는 믿음과 이루어진 상태에 관한 생각이 부를 가져올 수 있다는 새로운 믿음 시스템을 갖게 되었다. 생각하면 부자가 될 수 있다는 믿기 어려운 공식을 믿기 시작하면서 나의 인생은 가랑비에 옷자락이 젖듯 조금씩 내 삶 안에 부를 가져올 수 있었다.

책에서 배워 갖고 싶다고 생각하는 것들을 비전 보드에 이미지화했다. 노후에 살고 싶은 전원주택, 차박 캠핑을 위한 SUV 차, 독서 목표 200권 등. 그 꿈들은 정말 이루어졌다. 월셋집을 전전하다가 경상북도 봉화에 전원주택을 마련했을 때는 정말 세상을 다 얻은 듯 기뻤다. 그때의 기쁨이 시 한 편에 오롯이 담겨 있다.

꿈은 이루어진다

공기 사이사이로

소쩍새 울고

나무 사이사이로

벚꽃, 진달래, 철쭉꽃들이

얼굴을 내민다

남편과 나
우리 둘만 있다는 것이
무서울 만큼
밤이 너무도 깜깜하다
칠흑처럼 깜깜한 밤에
서로에게 오래오래
곁에 있어 주자고
약속한다

지팡이처럼 고부라져 돋아 있는 고사리
별처럼 사방으로 잎을 뻗은 엉겅퀴
열매를 주려고 새하얀 꽃을 피운 딸기
나뭇가지 가지가지마다 피어있는 복숭아꽃
꽃 속에 아름다움 감추고 고개 숙인 할미꽃
우체통 속에 둥지 튼 어미 새와 새끼 새들

봉화의 우리 집에 가득한
자연의 선물들이

눈물이 날 정도로 감사하다

나는
이제 꿈꾸지 않는다
이제 상상하지도 않는다
내 꿈은
지금 여기에 있고
오늘 여기서
나는 행복하기 때문이다

노년에 헛바람을 피며 갖게 된 간절한 꿈이 하나 더 생겼다. 작가가 되는 꿈이다. 이 꿈을 이루기 위해 비전 보드에 내 책의 목차, 출판권설정계약서, 대형서점에 진열된 내 책을 상상하여 만든 사진을 붙여놓고는 보고 또 본다. 혹시 이런 행동을 조롱 섞인 말을 하며 허무맹랑한 행동이라고 비난한다면 그는 창조적 상상력을 통해 잠재 능력을 끌어내는 마법의 공식을 모르는 안타까운 이방인이 될 수밖에 없을 것이다.

인생을 바꾸는 책 읽기

책이 인생을 바꾸어놓는 진실에 대해 좀 더 깊이 공감하기 위해 다음에 소개하고 있는 인물들을 만나보자. 술과 마약으로 망가졌던 삶을 추슬러 전 세계인이 사랑하는 토크쇼 진행자가 된 오프라 윈프리를 만든 것도 다름 아닌 책이었다. 그녀가 만났던 책은 마야 안젤라의『새장에 갇힌 새가 왜 노래하는지 나는 아네』였다. 제목처럼 책은 새장에 갇힌 새가 왜 계속 노래할 수밖에 없는지 말해주고 있다. 마야 안젤라는 흑인이기에, 여성이기에 받아야 했던 온갖 차별과 폭력에서 물러나지 않으려면, 온갖 고통에서 무너지지 않고 인간답게 살려면 계속 '내가 여기 있다'고 외치는 수밖에 없다고, 그리고 희망을 품는 건 바보 같은 짓이라 할지라도 갈망을 노래하는 수밖에 없다고 말하고 있다. 참으로 아름다운 자서전적 소설이다. 오프라 윈프리는 이 책을 읽고 자신처럼 기구한 세월 속에서 상처받고 망가진 사람이 세상에 또 있다는 사실을 알게 되었다. 그리고 자신의 인생도 성공적으로 바꿀 수 있다는 희망을 간직하게 되었다. 마침내 그녀는 미국은 물론 전 세계적으로 대박을 낸 오프라 토크쇼를 진행하며 멋지게 인생을 역전시켰다.

오프라 윈프리의 삶이 증명하듯이 책은 한 사람의 인생을 일으켜 세워 어떠한 위기에도 좌절하거나 실패하지 않게 만드는 힘이 있다. 아직도 책을 그저 책일 뿐이라고 생각한다면 그 사람은 이전과 별반 다르지 않은 인생을 살아가게 될 것이다.

책을 쓰며 발견한 나만의 인생 공식

60년 이상을 살면서 책에 한 번도 제대로 미쳐보지 않았다면 이제부터라도 제대로 책에 미쳐보자. 책과 정성스러운 세월을 살아왔다면 그동안 책 읽기로 다져진 내공을 갖고 책 쓰기에 도전해보자. 책 읽기의 완성은 책 쓰기라고 한다. 책을 쓰면서 만난 책은 내면에 또 다른 세상을 펼쳐놓는다. 책을 쓰다 보면 몸과 마음으로 느껴지는 세월을 비관하거나 슬픔에 빠질 시간이 없다. 하얀 백지 위에 쓴 글을 통해 얻은 성취감과 기쁨이 나 자신과 노년 인생을 긍정적인 방향으로 이끌어간다. 책 쓰기를 하면서 내 마음을 끝까지 파고드는 시간을 갖게 된다. 인생의 본질을 깨닫기 위해 치열하게 노력하게 된다. 나는 책을 쓰기 시작하면서 진짜 생각이라는 것을 하게 되었다. '나는 누구인가?', '내가 진실로 원하는 인생은 어떤 것인가?', '나는 세상에 무엇을 남길 것인가?'에 대한 답을 구하며 나만의 인생 공식을 만들어가고 있다.

2

제대로 읽어야 제대로 쓸 수 있다

책 향기의 위로

자정이 되면 마법이 풀려버리는 신데렐라처럼 나도 그 시간이 되면 노동자의 삶에서 풀려 예비 작가가 된다. 신데렐라는 서둘러 다음날로 돌아오느라 예쁜 구두를 잃어버리고 실망하지만 난 글을 쓸 수 있다는 즐거움에 힘이 불끈 솟는다. 내 안에 이런 에너지가 있을 줄은 나도 미처 몰랐다. 이 에너지는 나의 것이기도 하고 책을 읽으면서 충전된 에너지이기도 하다. 이 두 개의 에너지가 전부 나의 것이라는 것이 황홀하다.

책에는 특유의 향기가 있다. 그 향기가 참 좋다. 저자가 자기 생각 시스템을 가지고 한 가지 주제에 몰입과 집중력을 발휘해가며 쓴 것이기에 많은 깨달음을 주는 책이 참 좋다. 책장을 넘길 때의 촉감이 정말 좋다. 책을 읽으며 시공간을 초월해 존재하는 저자들의 1:1 지도를 받으면서 온전한 내 마음의 촉감이 느껴지는 시간이 참 신비롭다. 그래서 감사하다.

다양한 책 읽기 방법

　마음의 방향을 잃어버릴 때가 종종 있었다. 그때마다 지역 도서관에 가서 책 앞에 얼굴을 묻고 책 향기를 맡았다. 책 향기를 맡으면서 꿈 많던 대학 시절로 돌아가기도 하고, 수녀님들과 동그랗게 둘러앉아 영적 독서를 하던 때를 떠올리기도 했다. 에디슨도 "나의 피난처는 디트로이트 도서관이었습니다."라고 말했다. 책은 나에게 정말 좋은 피난처가 되어주었다. 책 한 권을 꺼내 들고 의자에 앉아 펼쳐 들면 옛 친구를 만나 이야기하듯 생활 너머의 시간 속에서 온전히 쉴 수 있었다.

　책은 닥치는 대로 끌리는 대로 즐기면서 읽으면 된다. 술술 읽히는 책도 읽고, 읽다가 자꾸만 덮이는 책도 읽으면 된다. 그런데 책을 수없이 읽었는데도 머릿속에 남는 것이 하나도 없다고 하는 사람들의 이야기를 자주 듣는다. 나 또한 그 말에 격하게 공감한다. 그런데 마음에 아주 작은 흔적이라도 만들어내지 못하고 그저 글자만 읽는다면 책을 읽었다고 할 수 없다. 그런 책 읽기는 지혜를 얻기는커녕 오히려 시간을 잃고 마는 꼴이 된다. 찐 독서가라면 한 번쯤은 어떤 책을 어떻게 읽을 것인가를 고민해보는 시간을 꼭 가져야 한다.

　책은 눈으로 읽고, 입으로 소리 내서 읽고, 그리고 손을 사용해 쓰면서 읽는 방법이 있다. 어떤 식으로 책을 읽든 문제가 되지는 않는다. 인연으로 만난 책의 종류에 따라 다양한 방법을 선택적으로 사용해서 읽으면 된다. 다만 눈으로만 읽는 방법보다는 입으로 소리 내서 읽고, 더불어 손으로 쓰기까지 하면 기억이 더 잘되고 오래갈 수밖에 없다. 아무리 많이 읽어도 무엇을 읽었는지 도통 기억이 안 난다고 하게 되는 까닭은 눈으로만 읽은 것들이 단기기억으로 분류되어 금방 소멸해버리기 때문이다. 반면 손을 움직여 읽는 초서(鈔書)나 필사(筆寫)를 하게 되면 뇌에 각인되어 장기기억으로 정착되므로 책의 내용을 많이 기억할 수 있다. 많은 책을 읽었는데도 인생이 그다지 변하지 않는 사람이 있는가 하면 한두 권의 책을 읽고도 인생이 완전히 바뀌는 사람이 있는 것은 책을 어떻게 읽었는가 하는 방법의 차이 때문이다.

중요한 것을 쓰며 읽는 책 읽기

글쓰기에 관한 책 중에서 애착이 가는 책이 있다. 나탈리 골드버그의 『뼛속까지 내려가서 써라』다. 너무도 강렬한 책 제목에 끌려서 읽게 되었다. 이 책에서 글 쓰는 사람은 글을 쓰면서 모든 것을 곱씹는 두 번째 인생을 산다고 하였다. 선(禪) 명상과 글쓰기를 접목하며 써 내려간 내용이 너무 좋아 책 전체를 통째로 필사(筆;붓필, 寫;베끼다 사)했다. 매일 A4용지 두 장씩 키보드를 사용해 써 내려갔다. 필사하면서 마음에 와닿아 줄을 쳐놓았던 문장들을 다시 음미할 수는 있었지만 베껴 쓰는 데 여념이 없어 그 문장들의 의미에 대해 많이 생각하지 않는 한계를 발견하기도 했다. 생각하지 않는 독서는 마음을 확장할 수도, 인생을 변화시킬 수도 없다.

순전히 내 경험에 비추어보면 필사보다 더 강력한 효과가 있는 책 읽기 방법은 초서(鈔;뽑다 초 書;글 서)다. 초서는 책을 읽다가 중요한 구절이 나오면 뽑아서 옮겨 적는 것으로 그냥 베껴 쓰는 필사와는 다른 독서 방법이다. 초서는 단순히 글자를 읽는 것이 아니라 중요한 것을 가려 뽑는 과정에서 생각하게 되고, 가려 뽑은 중요한 내용들을 손으로 쓰면서 읽으므로 장기기억으로 정착되어 사고력이 급성장하게 된다.

창조하는 초서 독서법

초서 독서법은 책을 제대로 이해하게 할 뿐만 아니라 새로운 생각과 메시지를 창조하는 단계까지 심화시키는 독서법이다. 초서의 2가지 방법을 소개하고자 한다.

첫 번째로 메모 독서법이다. 이 독서법은 책을 읽다가 애매하게 머물렀던 내 생각이 절묘하게 표현된 문장을 마주칠 때면 반드시 표시해놓고, 그 문장을 따로 뽑아 독서 노트에 옮겨 쓰는 것이다. 그리고 그 문장으로 인해 솟구치는 생각과 감정들을 떠오르는 대로 솔직하게 손으로 쓰는 독서법이다. 세부적으로 묘사하면서 쓰면 더욱 좋다.

『뼛속까지 내려가서 써라』의 에필로그를 읽을 때 내 안에서 일어났던 일을 잠깐 적어보았다.

　나탈리 골드버그는 이 책 집필을 완성한 후 자리에서 일어났는데 갑자기 화가 났다. 그녀는 자기가 뮤즈에게 이용당했다는 기분이 들었다. 방금 완성한 책이 무슨 내용인지 생각이 나지도 않았다. 자신의 인생과 아무런 상관이 없는 책인 것만 같았다. 그런데 나는 이 부분을 읽으면서 갑자기 격한 감동에 휩싸였었다. 나탈리가 책을 완성하고도 미처 느끼지 못했던 감동이 내게로 달려와 내 심장 안에 쏟아지는 것 같았다. 그래서 난 소리쳤다. "나탈리, 당신이 쓴 책은 나의 인생에 너무도 상관이 있는 책이 되어버렸어요. 당신이 쓴 단어, 문장, 문체, 메시지들은 제 심장 속으로 파고들고 말았어요." 나도 모르게 순식간에 토해낸 감격을 급하게 책 여백에 메모했다. 시간이 꽤 흐른 뒤에도 그 메모를 읽을 때마다 그때의 감동이 생생하게 되살아난다.

　작가가 쓴 글과 그 글을 만나서 적어 내려가는 내 글이 생겼다는 것은 드디어 내가 내 생각, 내 감정들과 손을 잡았다는 증거라고 이 책에서 말하고 있다. 이런 식으로 따라가다 보면 어느 순간 엄청난 글쓰기 도약을 하게 된다. 나만의 이야기와 나만의 메시지가 지닌 힘을 믿는 법을 배워 누구도 흉내 낼 수 없는 창작물을 만들어낼 가능성이 열린 것이다.

　두 번째는 생각 독서법이다. 이 독서법은 책을 읽은 후에 책 내용이 아닌 책으로 촉발된 새로운 생각과 느낌, 메시지, 깨달음, 기도를 내가 가진 언어를 사용하여 손으로 쓰는 독서법이다. 가장 의미 있었던 목차를 앞에 놓고 마음속 흐름을 써보는 것도 좋은 방법이다. 의식적으로 읽고 생각하고 쓴 모든 것을 통합해서 자신만의 새로운 생각 시스템을 창조하며 독창적인 메시지와 뜻을 거듭 찾아내는 것이다.

제대로 읽고 제대로 써라

책은 많이 읽는 것도 중요하지만 한 권을 읽더라도 제대로 이해하고 나만의 언어로 사고하는 과정이 꼭 필요하다. 책을 제대로 이해하기 위한 독서법 중 으뜸은 역시 '읽고 쓰는' 독서법이다. 한 권을 제대로 깨치기 위해 100번을 읽고 100번을 쓰라고 하면 과연 할 수 있는 사람이 몇 명이나 될까? 조선의 성군으로 꼽히는 세종대왕은 세자 시절부터 한 번 읽고 쓸 때마다 바를 정(正) 자를 표시해가며 백 번을 읽고 백 번을 썼다고 한다. 세종대왕은 단순히 책을 많이 읽는 것보다 한 권을 읽더라도 그 내용을 완벽하게 자신의 것으로 만들 때까지 반복해서 읽고 쓰는 백독백습(百讀百習)을 실천했다. 그 독서법이 얼마나 탁월한지는 세종대왕의 업적을 보면 충분히 알 수 있다. 읽고 쓰는 독서법은 책을 완전히 이해하고 내 것으로 만들어 나의 의식과 사고 수준을 비약적으로 도약시키는 것이다.

좋은 책은 인생의 기쁨과 생기를 불러일으킨다. 그리고 자신의 더 깊은 곳을 들여다보게 한다. 그런데 그 책을 제대로 읽는 방법을 깨친 사람과 깨치지 못한 사람의 인생은 너무도 다르게 펼쳐진다. 가장 오래 기억되어 가장 강력한 독서법이 될 수 있는 '읽고 쓰는' 독서법으로 책을 읽는 것이 처음에는 그리 쉽지는 않을 것이다. 그러나 부단히 반복적으로 실천하여 제대로 읽고 제대로 쓰는 독서법이 내 것이 된다면 나의 고유한 언어와 사유가 깃들인 글과 책을 쓸 수 있는 강력한 위력을 지니게 될 것이다.

3

자주 많이 읽으면 글감이 넘쳐난다

강한 새벽 빗소리가 잠을 깨운다. 이 비가 그치면 날씨가 더 추워진다고 한다. 거리에 사람들이 패딩을 입고도 옷섶을 꼬옥 여민다. 가을은 책 읽는 계절이라고 하지만 책 읽기만큼 아늑하고 따뜻함을 주는 것이 없으니 겨울도 책 읽기에 정말 좋은 계절이다. '나는 이 계절에 몇 권의 책을 읽을까?' 책장에 완독한 책들이 더 쌓일 것을 생각하니 충만함이 마음에 피어난다.

아침마다 출근하는 지역 도서관의 청구기호 029의 자리에는 '책 읽기'에 대한 책들이 많이 꽂혀 있다. 어제 뽑아 인연을 맺게 된 책 중에 으뜸은 법정 스님의 『내가 사랑한 책들』이었다. 사람들이 법정 스님의 진리와 구도의 길에 함께해온 책들이 무엇인지 궁금해서 묻고 또 물어 탄생한 책이다. 법정 스님은 "전기도 들어오지 않는 산중, 맑고 고요한 등잔 불빛 아래서 책장을 넘기다 보면 영혼이 투명해진다."라고 쓴 적이 있다고 한다. 그리고 그 책은 우리를 안으로 여물게 한다고. 이 구절을 읽으면서 무엇인가를 쓰기 위해 키보드 위에 전투적으로 얹혀 있던 두 손이 슬며시 무릎 위에 모아진다. 잠시 눈을 감고 침묵에 나를 머물게 한다. 책은 해변에 깔린 자갈만큼 흔하다. 그러나 흔하다고 홀대하지 않고 그 자갈 속에서 내가 좋아하는 모양, 색깔을 가진 돌을 찾아낸다면 그 돌은 나에게 의미 있는 보석이 된다. 이미 보석을 찾은 나는 얼마나 행복한 사람인가!

책을 많이 사랑한 사람들

이 책 저 책에 쓰인 다독가들의 책 사랑 이야기를 한자리에 모아보았다. 김병완의 『초서 독서법』에는 20세기 중화인민공화국 최고 영웅으로 꼽히는 마오쩌둥이 얼마나 책을 사랑했는지가 잘 나와 있다. 장제스의 국민당에 쫓겨 10만 리 대장정을 하는 와중에 말라리아에 걸린 마오쩌둥은 들것에 실려 가면서도 책을 읽었다고 하니 그에게 독서는 해도 되고 안 해도 되는 게 아닌 삶 자체였다. 나폴레옹은 전쟁터에 나갈 때도 1,000여 권의 책을 마차에 실어 끌고 가서 책을 읽었고 이동 중에는 말 위에서도 책을 읽었다고 하니 놀라지 않을 수 없다. 워런 버핏은 "매일 깨어 있는 시간의 3분의 1 이상을 독서에 투자하며 다른 사람보다 5배 이상 책을 읽었다."라고 말할 정도로 엄청난 독서광으로 알려져 있다.

권영식의 『다산의 독서전략』에도 감동적인 책 사랑 이야기가 있다. 조선 후기의 실학자 이덕무는 책만 보는 바보라는 말을 들을 정도로 독서에 대한 애정과 열정이 대단했다. 책에 빠진 그였기에 역대 실학자 중 제일 박식하다는 평가를 받기도 했다. 이덕무가 한 치도 살아야겠다는 생각이 없을 정도로 슬픔이 너무 클 때면 한 권의 책을 펴 책과 맺어지는 교감으로 위로와 빛을 받았다고 하니 그에게 책은 인생의 동반자였다.

허재삼의 『내 인생의 첫 책 쓰기』에는 어려서부터 공부를 즐긴 세종대왕 이야기가 담겨 있는데 그 일화가 감동적이다. 조선시대의 성군으로 꼽히는 세종대왕은 밤낮을 가리지 않고 쉼 없이 책을 가까이했다. 심지어 병중에도 책을 손에서 놓지 않아 병이 점점 더 심해지자 아버지 태종은 처소에 있는 모든 책을 강제로 치우게 했다. 다행히 세종은 병풍 뒤에 있던 『구소수간(歐蘇手簡)』 한 권을 발견하여 천백 번을 읽었다고 하니 세종의 책 사랑이 얼마나 깊었는지 가히 짐작해 볼 수 있다.

앞에서 소개한 이들이 책과 함께 살았던 삶의 진풍경들이 감동적으로 스쳐 지나간다. 시대도, 국적도, 역사적인 상황도 달랐지만, 그들에게는 단 한 가지 공통점이 있다. 바로 책이다. 책을 읽으면서 정신을 담대하게 세우고 마음의 밭을 일구면서 살아내었을 그들과 나의 공통점도 또한 책이다. 책 읽기로 위대하게 살았던 그들처럼 나 또한 책으로 한평생 잘살아보자며 애쓰면서 살고 있다.

많이 읽으면 쉬워지는 글쓰기

많은 사람이 글쓰기를 어려운 것으로 생각한다. 글쓰기가 어렵다고 느끼는 것은 쓸 이야깃거리가 없기 때문이다. 많이 넣으면 많이 나오는 것이 세상사의 이치이듯 책을 많이 읽으면 사유와 마음에 글감이 차곡차곡 쌓인다. 그리고 글을 쓰려고 할 때 쌓여 있던 글감이 하얀 백지 위에 자연스럽게 흘러나온다. 반대로 넣은 것이 없으면 나올 것도 없어 글쓰기는 어려운 것이 된다.

부자도 가난한 자도, 갓난아기에게도 100세 노인에게도 똑같이 공평하게 주어지는 것이 하나 있다. 바로 하루 24시간, 시간이다. 나는 돌이킬 수 없는 그 하루 24시간 중 절반의 시간을 노동자로 산다. 내가 아무리 열심히 사유하며 산다고 할지라도 첩첩산중에 갇힌 것처럼 뻔한 일상을 살아갈 수밖에 없다. 그런 내가 책을 쓰겠다고 덤비고 있다. 그것도 전문가나 다룰 수 있는 책 쓰기를 주제로 말이다. 한정된 일상에 갇혀 살면서 어디서, 어떻게 책 쓰기에 대한 글감을 찾을 수 있겠는가? 그런데 내게는 책 쓰기에 대한 글감이 넘쳐난다. 틈만 나면, 시간이 나면 아무리 힘들어도 책을 읽기 때문이다.

책과 나누는 대화

글감을 얻을 수 있는 책을 많이 읽기 위해서는 책과 사랑에 빠져야 한다. 생면부지의 사람과 사랑에 빠질 수 없듯이 책을 읽어야만 책과의 사랑에 빠질 수 있다. 김의기는 『어느 독서광의 유쾌한 책 읽기』에서 "새 책을 읽으면 새 애인을 만나는 것 같고, 읽었던 책을 다시 읽으면 옛 애인을 만나는 것 같다."라고 말했다.

나는 어느 날 읽게 된 『창문 넘어 도망친 100세 노인』이 너무 재미있어 혼자 피식피식, 깔깔대며 웃다가 밤을 지새운다. 김수현의 『나는 나로 살기로 했다』를 읽으며 "함께 맛있는 것 먹고 좋아하는 노래와 좋은 책을 함께하는 것, 그런 소소한 일상의 따스함이 좋은 삶의 전부라는 것"을 배운다. 그리고 그 배움을 마음에 새기며 특별한 것 없는 내 일상을 마음껏 사랑하게 된다. 박수지의 『100세 시대, 인생을 즐기며 사는 법』을 펼치니 컴퓨터를 켜고 끄는 것만 했지 어딜 찾아 들어가서 이메일 보내는 것도 서툴던 저자가 독수리 타법을 극복하면서 멋진 인생 2막에 대한 책을 출간한 인생사가 나온다. '아, 나보다 더 용감한 사람도 있구나.' 하고 감동하면서 책에 대한 사랑이 깊어진다.

책 읽기는 책 쓰기의 터전

책 속의 문장 한 줄 한 줄에는 놀라운 세계가 있다. 짧지만 지나칠 수 없는 문장이 가슴에 큰 구멍을 내기도 한다. 여행지를 소개하는 단어 하나하나를 생생하게 표현하는 데 성공한 작가의 필력에 넘어가 당장 그곳에 가보고 싶어 엉덩이가 들썩들썩해진다. 책의 곳곳에 숨어 있는 작은 감동들이 큰 감동으로 이어지면서 우리는 책을 사랑하게 된다.

남편의 고향은 경상북도 촌마을이다. 어릴 적부터 안방에서 TV를 보면서 자랐던 서울 토박이인 나와 남편의 유년 시절 풍경이 사뭇 달랐다. 남편은 호롱불 밑에서 공부했고 대학교 입학했을 때가 돼서야 집에 전깃불이 들어왔다고 했다. 그런 척박한 환경에서도 공부와 책에 몰두했던 남편의 이야기는 참 놀라웠다. 장손이 집안의 농사일을 이어받기를 원했던 시아버님의 뜻과는 반대로 남편은 계속 공부하기를 원했다. 시아버님은 뜻을 굽히지 않는 남편에게 '책에서 밥이 나와, 떡이 나와! 땅을 파야 밥이 나온다.'라며 소리소리 지르고는 남편의 책들을 부엌에 있는 아궁이와 소의 오줌통에 던져버리기까지 했다고 한다. 남편은 불에 그을리고 소 오줌에 젖은 책을 털고 말려 또다시 책을 읽었다고 했다. 자꾸만 들썩이는 엉덩이를 의자에 꽁꽁 묶어놓고 공부했고, 한겨울에는 잠을 쫓기 위해 꽝꽝 언 우물의 얼음 조각들을 대야에 담아 발을 담그면서 공부했다고 한다. 노년이 되어서도 여전히 책과 사랑에 빠져 사는 남편을 존경

하면서 살고 있다.

오늘날은 얼마나 변했는가! 마음과 뜻이 있다면 책과 사랑에 빠지기 얼마나 좋은 세상이란 말인가! 내가 사는 지역 이야기를 잠깐 해보자. 무료로 마음껏 이용할 수 있는 지역 도서관이 유료인 예쁜 북카페보다 더 예쁘고 더 쾌적하고 편리하다. 5층에서 책을 쓰다가 자료가 필요하면 후다닥 4층으로 내려가면 산더미 같은 자료를 담은 책들이 잔뜩 꽂혀 있다. 너무도 멋진 애인이 두 손 벌려 우리를 유혹하고 있다. 이제 그 책과 사랑에 빠져보자.

많이 읽으면 잘 쓸 수 있다

성장을 멈춘 노년만큼 절망적인 것은 없다. 혹시 시간이 너무 흘러가 버려 결국 자신이 원하는 삶에 다가서지 못했다며 자책하고 있다면 다른 곳에서 방황하지 말고 책과 사랑에 빠져보자. 책은 공감하는 문장과 영감으로 당신의 마음과 일상에 소소한 변화를 선물할 것이다. 책에서 받은 그 선물은 모두 글감이 될 수 있다. 흘러버린 세월이 한탄스러우면 책이 주는 용기와 희망으로 위로하며 글을 써보자. 먼 곳에 있는 친구가 찾아와 같이 정담을 나눈 하루의 이야기도 써보자. 여유로운 노년이면 더할 나위 없이 좋겠지만 그렇지 않아도 괜찮다. 역경과 고난으로 가득했던 인생을 책 속에서 만난 문장으로 치유하면서 그 또한 글로 써보자. 책을 많이 읽으면 읽을수록 인생의 소중하고 차원 높은 가치를 담은 글감이 많이 생겨난다. 어쩌면 글감을 얻을 수 있는 가장 손쉬운 방법은 책을 많이 읽는 것이라고 할 수 있다.

인생의 끝까지 홀로 고군분투하지 말자. 자신을 이해해주는 둘도 없는 친구를 대하듯 책을 노년 인생의 한가운데에 초대하자. 벗이 된 책의 목소리를 들으며 우리의 노년 인생이 얼마나 자랑스러운 곳인지 느껴보자.

4

책을 읽지 않았으면 노동자로 죽을 뻔했다

이 순간의 일상에서 행복하기

노동자로 살면서 행복을 거창하게 생각하지 않게 되었다. 12시간의 노동이 끝나 새로운 날이 시작되는 자정이 넘어 차에 시동을 걸 때 '오늘도 해냈구나.' 하면서 행복해진다. 주말이면 오전에 8시간 이상 지역 도서관에 붙박이가 되어 책벌레도 되고 독서광도 된다. 키보드를 타닥타다닥 두드리면서 작가의 길도 준비할 수 있어서 너무 행복하다. 사람은 자신이 좋아하는 일을 할 때 행복해진다는 것을 절감하면서 살고 있다. 그리고 『나는 시니어 작가로 새 인생을 산다』를 통해 60년 이상을 살아오느라 수고가 참 많았던 같은 세대들과 공감하고 그들에게 힘을 주는 데 한몫하는 존재가 될 수 있다면 더 많이 행복할 수 있을 것 같다.

프랑수아 를로르의 『꾸뻬씨의 행복 여정』에서 정신과 의사인 꾸뻬는 수첩 하나를 들고 행복의 비밀을 찾아내기 위해 여행을 떠났다. 그는 마지막에 만난 노승과의 대화에서 답을 찾는다. 그 답은 "진정한 행복은 먼

훗날에 이룰 목표가 아니라 지금, 이 순간 존재하는 것이다. 이 순간을 회피하면 자기 존재가 사라진다. 지금, 이 순간 행복하기로 선택한다면 우리는 얼마든지 행복해질 수 있다."였다.

한 인간이 참으로 행복을 발견하기 위해서는 이 순간의 일상을 어떻게 사느냐에 달려 있다는 걸 다시금 깨달을 수 있었다. 꾸뻬가 항상 수첩 하나를 들고 다닌 것을 무심히 지나쳐버려서는 안 된다. 여행길에서 만난 사람들의 이야기를 꼼꼼히 적은 그 수첩은 살아 있는 책이 되어 꾸뻬의 행복 찾기 여행을 성공적으로 마칠 수 있도록 도움을 주었을 것이다. 영원한 진실이 있으니, 책을 곁에 둔다면 순간이 담기는 일상에서 반드시 행복을 찾을 수 있다. 행복해지고 싶다면 일상을 책과 묶어놓으라고 말하고 싶다.

일상을 구원하는 책

우리의 일상은 대부분 아주 단순하다. 아침부터 저녁까지 다람쥐 쳇바퀴 돌듯 집에서, 일터로, 학교로, 산책길로, 헬스클럽으로, 마트로, 스마트폰 속으로 그리고 다시 집으로 이어지는 일상들이다. 이 단조로운 일상에서 갖게 되는 생각과 감정도 별반 다르지 않을 것이다. 그런데 이러한 일상에 책이 들어오면 상황은 달라진다. 책이라는 타임머신을 타고 21세기에 살면서도 20세기로 시간여행을 떠날 수 있고, 청소 일을 하면서도 먼 나라로 여행을 떠나기 위해 상상 속의 비행기를 탈 수도 있다. 책 속에서 천재들의 뇌와 만날 수도 있다. 야망과 꿈을 품을 수 있는 사고와 감정으로 도약해서 거침없이 목표를 향해 달려가기도 한다.

일상은 빠르게 흘러가는 물살과도 같다. 우리는 그 물살 속을 걸어가고 있다. 무지와 나태함, 그리고 번뇌의 돌에 미끄러지지 않으려면 책을 항상 곁에 두고 깨어 있어야 한다. 청소라는 노동이 누군가에게는 한없이 보잘것없는 직업일 것이다. 그러나 청소 현장에서는 그다지 많은 인간관계가 필요 없고 시간과 싸움만 하면 되는 일이라서 비교적 마음이 편한 일이다. 그런데도 무선이어폰으로 접속된 드넓은 책 세상이 없었다면 단조로운 노동자의 일상을 결코 버티지 못했을 것이다. 아니 그냥 노동자로 사는 데 그쳤을 것이다. 정말 책이 없었으면 노동자로 죽을 뻔했다. 책을 일상의 곁에 두고 살았더니 잊고 지내던 감각이 되살아나 글이 쓰고 싶어졌다. 내 마음의 이야기와 메시지가 담긴 책으로 세상에 무엇인가를 남기고 싶은 큰마음도 길어 올렸다.

일상에 책을 두는 방법

책을 읽는 것은 자신의 일상을 멋지게 창조하는 일이다. 책을 읽으려면 시간과 장소가 필요한데 굳이 특별한 장소와 시간을 쪼개어 만들려고 할 필요는 없다. 일상에서 책 읽기를 자연스럽게 계속하면 된다.

스티븐 킹은 『유혹하는 글쓰기』에서 어디로 가든지 반드시 책 한 권을 들고 다니며 책을 읽었다고 밝히고 있다. 그는 각종 대기실, 극장 로비, 계산대 앞의 길고 지루한 행렬 속, 화장실, 헬스클럽 등 모든 일상에서 책을 읽었다. 정수복의 『집 안에서 책을 읽다』에도 그의 일상과 어우러진 책 이야기가 참 인상적이다. 거실 소파, 부엌 식탁, 취침 직전 침대 위, 화장실, 다락방, 골방, 옥탑방 등 일상의 모든 장소를 근사한 도서관으로 만들면서 책을 읽었다. 그는 또 풀밭과 카페, 지하철과 기차, 도서관과 서점 등 책을 읽을 수 있는 공간은 지천으로 널려 있다면서 책을 읽는 공간에 대한 시야를 넓혀주었다.

읽는다는 행위는 공간의 구애를 받지 않는 유일한 즐거움이기에 어디든지 장소를 가리지 않고 읽고 또 읽어보자. 읽는다. 고로 존재한다는 태도로.

책이 준 최고의 선물

일상에서 책이 들려주는 많은 길들, 사람들, 마을들, 도시들, 영성, 기쁨, 깨달음이 있는 한 '나 정말 잘못 살았다. 나 이렇게 나이 들어 버려서 어떡하지…' 하는 불안과 좌절을 마음에 들여놓지 않을 수 있다. 60년 이상을 살아온 내 인생을 예찬할 수 있는 이유와 근거를 당당히 세울 수 있다. 책은 그런 사랑과 힘이 있다. 책을 읽으면, 때로는 법정 스님이 곁에서 비워진 마음의 가치를 이야기해주고, 때로는 나폴레온 힐이 상상력의 힘을 쓰라고 격려한다. 나탈리 골드버그가 글을 쓰는 나의 운명을 받아들이고 뼛속까지 내려가서 써보라며 힘을 주기도 한다.

책은 읽기만 하면 온갖 간접경험을 일상에 펼쳐놓는다. 그리고 책을 읽지 않던 평범한 나를 사라지게 하고 꿈과 희망을 품은 비범한 나를 창조한다. 책을 항상, 반드시 읽는 일상에서 발견한 새로운 인생은 '읽고 쓰는 인생'이다. 이것은 책이 베풀어준 최고의 선물이다. 그 책에 노년의 일상을 정성껏 담아 남들은 흉내 낼 수 없는 이야기를 탄생시키면서 인생 2막을 멋지게 살아가 보자.

5

책 읽기가 끌어 당겨준 책 쓰는 인생

아름다운 인격체인 책

도대체 왜 나여야 했을까? 도대체 어떻게 해야 할까? 어느 날 느닷없이 불운, 파산, 중병이라도 찾아오면 허탈함 속에서 묻게 된다. 그 질문에 대한 답이 속 시원히 풀릴 때까지 책에서 눈을 떼지 않는다면 분명히 그것을 견뎌내게 해주는 힘을 책 속에서 얻을 수 있을 것이다. 도대체 왜 나였는지가 술술 풀리는 명료한 문장을 만나면서 도대체 어떻게 해야 하는지에 대한 방법도 책은 아낌없이 알려준다. 『돈의 속성』을 쓴 저자 김승호는 돈은 감정 덩어리인 인격체라고 했는데, 책이야말로 시공간을 초월해서 존재하는 무한한 사고와 감정, 의식을 가진 인격체다. 인생의 누추함과 쓰디씀조차도 감미롭게 여길 수 있도록 나의 의식을 창조하는 책이 육체를 가지지 않았다는 이유로 글자들의 조합에 불과한 물체라고 할 수 있을까! 책은 멘토, 상담자, 친구 그리고 하느님으로 무한 변신하며 나에게 위안과 용기를 주는 아름다운 인격체다.

읽는 자는 쓰는 자로

　어려서부터 책 읽는 걸 좋아하지는 않았다. 책보다는 만화를 참 좋아했다. 매서운 겨울 추위를 뚫고 엄마 몰래 만화책을 빌려와서 뜨끈한 온돌방에 엉덩이를 지지면서 읽던 추억이 지금도 아련하다. 친구 집에 놀러 가면 동화책 전집이 있었다. 그 친구들이 너무나 부러웠다. 아, 엄마는 왜 나한테 이런 책을 사주지 않는 걸까? 화나고 섭섭했다. 친구의 책을 빌려서 읽었다. 내 책은 아니었지만, 너무도 재미있었다. 인생 첫걸음부터 함께 해준 책에 여태껏 매달려 살아온 내게 책이 요즘 큰 선물을 주고 있다. 노년을 맞아 세월의 덧없음 앞에서 방황을 시작할 뻔한 나에게 책을 쓰는 즐거움을 준 것이다. 책은 하마터면 살아보지 못했을 책 쓰는 인생을 나에게 끌어 당겨주었다. 책을 쓰고 싶은 욕망이 반갑긴 하지만 재능도 없으면서 도대체 왜 자꾸만 책이 쓰고 싶을까? 그것이 참 궁금했다. 헛바람 같은 책 쓰기 욕망의 끝이 실패의 잔해물이 되어 나를 괴롭힐까 봐 몹시 불안하기도 했다.

　청소 현장에서 장덕주의 『나를 살리는 글쓰기』를 오디오 독서를 하던 중이었다. 갑자기 책 쓰기 욕망이 어떻게 나에게 왔는지 알게 되었다. "읽는 자는 자기 안의 열망으로 말미암아 쓰는 자로 진화한다. 그가 원해서 그렇게 되는 것이 아니다. 읽는 동안 뇌가 바뀌기 때문이다. 읽는 뇌는 어느 순간부터 쓰는 뇌로 진화한다!" 순식간에 벌어진 깨달음의 순간이었다. '아! 그런 것이었구나.' 읽는 행위에 몰입하던 나의 뇌는 쓰는 행위로 진화되어 책을 쓰고 싶어지게 했다는 것을 알게 되었다. 나의 책 쓰기 욕망은 헛바람과도 같은 헛된 욕망이 아니라 책을 많이 읽은 나의 뇌에서 자연스럽게 진화되어 발현된 새로운 존재였다. 이미 나의 존재가 진화되었기에 매일 3~4시간을 책상에 끈덕지게 앉아 책을 쓰며 책 쓰기의 즐거움에 매료될 수 있었던 것을 깨달았다. 책 읽기에서 만난 단어와 문장으로 내면에 일어났던 일을 이렇게 명확하게 표현하고 나니 나에 대한 이해로 혜안이 밝아졌다.

쓰는 자의 운명 받아들이기

먹고살기 위해선 하기 싫은 일도 해야 하고 고단함이나 지겨움, 불안함도 견뎌야 한다. 나는 아쉽지만, 부모님이 살았던 것과 별반 다르지 않은 경제활동을 하면서 살고 있다. 노동이 힘들지만, 노동은 먹고 사는 중압감 없이 책을 읽고 쓰는 기쁨을 누릴 수 있는 바탕을 마련해주니 고마워서 기꺼운 마음으로 하고 있다. 그런데 노동은 너무 많은 시간을 바치라고 해서 문제다. 오전에 3~4시간 동안의 책 쓰기 시간이 지나 노동 현장으로 가기 위해 책을 주섬주섬 가방에 넣을 때면 너무도 아쉬워서 미칠 것만 같다.

책으로 진화된 나의 존재에 대한 이해가 열리고 나니 책을 읽고, 쓰는 나의 운명을 더 적극적으로 받아들일 수 있는 용기가 생겼다. 더 늦기 전에 노동에서 탈출할 방법을 모색해야만 한다. 노동이 아닌 책 쓰기가 나의 생계를 단단히 지켜줄 것이라는 헛바람을 한 번 더 피워보자. 60년 이상을 읽는 자로 살아온 공로로 받은 쓰는 자의 운명을 제대로 살아보아야 하지 않겠는가!

쓰는 자로 멋지게 살 수 있는 유일한 길은 무엇일까? 책을 많이 읽는 것이다. 그것도 엄청나게 많이. 책 쓰기에 필요한 영감을 얻을 수 있는 곳은 책밖에 없다. 책 읽기에 미쳐보자. 이제, 다시는 그 무엇으로도 피어나고 싶지 않다. 책을 읽고 쓰고, 또 읽고 쓰는 인생을 향해 두 팔을 활짝 편다.

쓰기는 읽기의 완성

유영만의 『책 쓰기는 애쓰기다』에는 "읽기만 하면 읽는 바보가 된다."라는 표현이 있다. 작가는 이런 표현으로 읽기만 하는 책 읽기가 얼마나 무의미한지를 강조하고 있다. 책을 읽고 나서는 사유하고, 그 사유를 통해 나만의 메시지를 찾아 글을 쓰는 시간이 꼭 필요하다. 책을 읽고 그냥 덮어버리면 읽는 중에 떠올랐던 생각도 영감도 함께 사라진다. 그러나 생각을 글로 쓰는 시간을 가지면 저자의 생각과 접촉했던 내 생각들이 글이 되어 백지 위에 실체로 나타난다. 무형의 실체였던 내 생각들이 밖으로 뛰쳐 나와 유형의 글이 되어 내 눈앞에 모습을 드러내는 것이 정말 신기하지 않은가! 책 쓰기를 하면서 매일매일 너무도 놀라운 경험을 하고 있다. 이러한 신비로운 경험들이 쌓여 제대로 '나'를 읽어낼 수 있게 되었다.

우리는 어제와 다르게 살아가려고 안간힘을 쓰지만, 나만의 사유체계만으로는 다른 삶으로의 도약은 쉽지 않다. 다른 사고와의 접촉이 있어야만 한다. 그 접촉은 책보다 더 좋은 것이 없다. 책을 읽기만 하면 무궁무진한 사고와 만날 수 있고 간접경험도 할 수 있다. 많이 읽고 반추해보고, 쓰고 다시 읽는 선순환이 어제와 다른 오늘의 삶을 맞이하는 흐름으로 연결된다.

책 읽기 플러스 책 쓰기만이 의미 없이 흘러갔던 지난 과거도 되살리고, 다른 사람으로 대체할 수 없는 유일무이한 지금, 여기 나의 삶을 창조할 수 있는 동력을 만들 수 있다. 시공간을 넘나드는 천재적인 두뇌를 가진 책을 많이 읽으면 우주의 놀라운 영감들을 내 글 속에 가져올 수 있는 에너지를 얻게 된다.

읽고 쓰는 사람만이 변화할 수 있다

사유하면서 나만의 메시지를 문장으로 공들여 만드는 작업은 참 매력적이다. 내 생애 첫 책 쓰기를 하면서 책 속의 문장이 어떻게 써지는지 알게 되었다. 나의 메시지를 담는 글이 좀처럼 써지지 않아 글을 썼다가 지우고 또 썼다가 지우고는 하룻밤 동안 침묵 속에 잠겨 기다렸더니 다음 날 아침에 글이 나를 찾아와 막혔던 글을 다시 쓸 수 있었다. 이렇게 애쓰면서 탄생한 문장들을 책 속에 담았다. 문장 안에는 내가 온몸으로 느끼고 깨달은 남과 다른 생각이 녹아 있다. 나의 경험을 넘어서서 글을 쓸 수는 없었다. 내가 쓰는 것이 내 자신이었고 내가 살아온 길이었다. 책을 읽기만 했다면 이런 낯설고 신기한 경험을 하지 못했을 것이다.

하루의 절반을 노동자로 살지만, 그 노동이 경제적으로 어려움 없이 책을 읽고 쓸 수 있는 토대가 되니 고맙지 않을 수 없다. 그러나 이제 책을 읽고, 쓰는 인생에 더 오롯한 집중과 몰입을 해야 할 때임을 받아들이려고 한다. 내 생애 첫 책 쓰기 도전이 나의 노년 인생의 가능성을 흔들어 깨우고 있다. 읽고 쓰는 사람만이 변화할 수 있다는 진실아, 나를 마구 흔들어다오. 뒤흔드는 너에게 나를 통째로 맡길 준비가 되었다!

6

글쓰기·책 쓰기를 위한 나의 인생 책

내 생애 첫 책 쓰기를 하면서 글쓰기 · 책 쓰기에 관한 책과 그 외의 책을 포함해서 100여 권을 넘게 읽었다. 그중 나에게 큰 깨달음을 주어 한 권당 3~4번을 반복해서 읽었던 책들이 수두룩하다. 책에 싣는 지면의 한계가 있어 아쉽지만, 그중에 몇 권만 수록했다. 굳이 하나의 꼭지를 할애해서 수록하는 이유는 감사함의 공간을 만들고 싶었기 때문이다. 책쓰기 여정에서 인연이 닿았던 책들은 내 곁에서 멘토가 되어주었고, 엄청난 영감도 일으켜주었다. 만약 이 책들이 없었다면 책 쓰기 미션은 완성할 수 없었을 것이다. 내 인생 제2막을 열어준 너무도 소중한 모든 책에 감사한다. 그리고 이 책을 쓰면서 언급했던 모든 책의 저자들에게도 머리 숙여 깊은 감사를 드린다.

글쓰기에 관한 책

1. 『뼛속까지 내려가서 써라』, 나탈리 골드버그, 한문사, 2018

저자가 25년간 이어온 선(禪) 체험과 글쓰기를 접목한, 혁명적이고도 강력한 글쓰기 노하우가 담겨 있다. 단순한 작법론이 아니라 글에 에너지를 어떻게 불어넣는지까지 이르고 있어 읽는 내내 깨달음이 봇물 터지듯 밀려오곤 했다. 소장하고 있는 이 책을 펼치면 모든 페이지에 줄이 쳐져 있다. 그만큼 작가의 영감에서 쏟아져나온 글에 많은 공감을 했다. 저자의 영감과 교감하기 위해 책 한 권을 통째로 필사한 책이기도 하다. 다음 글을 읽다 보면 글은 머리로 쓰는 것이 아니고, 영혼의 감각 속으로 스며들어 길어 올리는 것임을 알 수 있다.

"어떤 글을 쓰겠다고 계획했을 때 (…) 무엇이 되었든 모든 감각을 집중시켜라. 논리적인 마음은 꺼버려라. 마음을 비워놓고 생각이 들어가지 않게 하라. 언어가 배꼽에서부터 올라오는 것을 느껴라. (…) 생각의 지층에 있는 무의식의 세계 속으로, 당신의 핏줄 속으로 글쓰기를 삼투시켜라." 글쓰기에 관한 깨달음을 주는 문장이 차고도 넘치는 놀라운 책이다.

2. 『나를 살리는 글쓰기』, 장석주, 중앙books, 2018

노동 현장에서 3번 이상 오디오 독서를 했던 책이다. 작가가 운명적으로 글쓰기를 시작한 계기와 글쓰기만으로 온전히 먹고 사는 지금의 인생을 담담하게 고백하고 있는 책이다. 이 책의 문장 곳곳에는 저자의 글쓰기 갈망과 사랑이 얼마나 뜨거운지 절절하게 담겨 있어 감동하지 않을 수 없었다. 좋은 작가가 되고 싶은 사람들은 다음 글을 평생 가슴에 새겨 봄 직하다. "영감이나 직관 따위는 잊어라! 글쓰기는 한없이 메마른 노동이다. 좋은 노동자는 오래 숙련된 기술을 가졌을 뿐만 아니라 꾀부리지 않고 자기 일을 묵묵히 해낸다." 이 책에는 진정한 글쓰기 방법에 대한 구체적인 가르침들이 차고 넘쳐 그 모두를 머리와 가슴에 새기고 싶어 안달이 났었다. 글을 잘 쓰고 싶은 사람이라면 꼭, 직접 읽어서 지혜로운 스승에게 배움을 구하듯 한 문장 한 문장과 깊은 만남을 가졌으면 하는 바람이다.

3. 『쓰기의 감각』, 앤 라모토, 웅진 지식하우스, 2018

미국의 수많은 작가 지망생이 손꼽는 인생 책이라기에 호기심에 읽게 된 책이었다. 청소 현장에서 오디오 독서를 하기에 딱 맞을 정도로 재미있었던 책이다. 이 책의 첫 문장은 틈만 나면 무슨 수를 쓰든지 간에 책을 읽는 부모 밑에서 자란 작가의 어린 시절 이야기부터 시작된다. 작가의 아버지도, 아버지 친구들도 모두 작가인 환경에서 앤 라모토가 작가가 되어가는 여정이 참 흥미로웠다. 마치 한 편의 소설을 읽는 듯한 재미를 주어서 참 좋았다. 그러나 이 책은 재미 이상으로 왜! 글을 써야만 하는지에 대한 삶의 절대적인 이유가 담긴 멋진 책이었다.

저자의 아버지 말을 들어보자. "글쓰기를 피아노의 음계 연습하듯이 해라. 너 스스로 사전에 조율하고 나서 말이다. 글쓰기를 체면상 갚아야 할 빚(노름빚)처럼 다루어라. 그리고 글쓰기를 어떻게든 끝맺을 수 있도록 헌신해라." 이렇게 놀라운 글쓰기 원칙을 갖고 있었던 아버지 밑에서 자란 작가이니 그의 글쓰기 터전이 얼마나 탄탄했겠는가!

조잡한 초고부터 출판까지의 과정에서 작가들이 취해야 할 태도에 대한 가르침이 참 구체적이면서도 애정 깊다. 평생 곁에 두고 쓰기의 감각을 배우고 싶은 책이다.

책 쓰기에 관한 책

1. 『책 쓰기는 애쓰기다』, 유영만, 나무생각, 2020

지금의 내 삶을 한마디로 표현해 본다면 애쓰기다. 노동자의 삶을 버티느라 애쓰고 있고, 바쁘고 힘든 와중에 책을 쓰고 출간하는 작가가 되기 위해 애쓰면서 살고 있다. 그래서 이 책이 많은 이야기를 나에게 해주지 않을까 하며 읽게 된 책이다.

'살기, 읽기, 짓기, 쓰기'의 네 개의 장으로 구성한 게 참 좋았다. 저자의 이야기를 들어보자. "어제와 다른 오늘을 살아내려는 안간힘이 힘든 삶을 살아가게 만든다. 지금부터 다르게 살아내려는 애쓰기가 책 쓰기의 재료가 되는 살기다. 다르게 살기 위해서는 나와 다른 세계를 경험하는 다른 작가의 책과 접속하며, 읽기를 살기와 병행해야 한다. 읽기가 살기와 맞물려 돌아갈 때, 글짓기가 집짓기처럼 내 삶의 터전으로 자리를 잡는다. 쓰기는 이렇게 살기와 읽기, 그리고 짓기가 몸부림치면서 남기는 얼룩과 무늬의 합작품이다."

이 책을 읽는 내내 저자가 문장의 달인 같아 경탄하였다. 문장의 달인답게 책 쓰기에 대한 정의도 예사롭지 않다. "책 쓰기는 내 몸으로 살아온 삶을, 내가 가진 언어로 녹여내는 그야말로 고된 작업이기에 책 쓰기는 애쓰기다." 책 쓰기가 마음과 힘을 다하여 무엇을 이루려고 애쓰는 일이라는 말에 깊이 동감한다. 나도 정말 내 생애 첫 책 쓰기를 하는 내내 무던히도 애를 썼다. 나의 애씀이 내 심장만이 아니라 독자의 심장도 흔들어놓는 날이 오길 간절히 기도한다.

2. 『무기가 되는 책 쓰기』, 조영석, 라온북, 2020

청소 현장에서 오디오 독서를 하던 중에 무심코 읽게 된 책이다. 코로나19가 우리 일상의 판을 어떻게 바꾸어놓을 것인지에 대해 꽤 설득력 있게 써놓아 나도 이렇게 살아서는 안 되지 않을까? 하면서 위기의식을 느끼며 읽었던 책이다. 무엇보다도 이 책이 내게 준 가장 큰 선물은 난생처음으로 책을 쓰고 싶다는 열망을 갖게 한 것이다. 아마도 그날, 이 책을 읽지 않았다면 지금 이렇게 책을 쓰고 있지 않을지도 모른다. 코로나19가 세상의 판도를 바꾸어놓았다면, 이 책은 나의 인생 제2막의 판도를 바꾸어놓았다. 그만큼 이 책은 나도 책을 쓰고 싶다, 나도 책을 쓰겠다고 결심하게 하는 강력한 힘을 갖고 있다.

3. 『오늘부터 내 책 쓰기 어때요?』, 송숙희, 알에이치코리아(RHK), 2020

"내 글도 책이 될까요?" 자신 없이 묻는 말에 "물론입니다. 개인적인 이야기로도 얼마든지 책을 낼 수 있어요."라고 대답해주는 책이다. 그리고 가장 개인적인 이야기로 채워진 책이라야 출판할 확률이 높고, 그런 이야기라야 독자 또한 공감하고 수긍하고 이해할 수 있다는 가르침을 담은 책 쓰기 가이드북이다. 이 책 안에는 책 쓰기에 대한 실질적인 도움을 주는 내용이 참 많다. 글쓰기 스킬, 100일간의 글감 찾기 여행안내서, 잘 팔리는 책 쓰기 비법이 그 내용들이다. 또한 부록에 100일 글쓰기 워크북도 있다.

작가는 글쓰기만큼 나를 나답게 만드는 행위는 보지 못했다고 하면서 자기 안에 가득 고인 자기 이야기에 집중하며 글을 쓰고 책도 쓰라고 권고하고 있다.

정현종 시인의 '섬'이란 시집을 읽다 보면 의미 깊은 시 한 구절이 나온다. "사람이 온다는 건 실로 어마어마한 일이다. 그의 과거와 현재와 그리고 그의 미래가 함께 오기 때문이다." 사람뿐만 아니라 책 한 권이 내게 오는 것 또한 어마어마한 일이다. 직접 책을 써보니 작가들이 책 속에 담는 단어 하나, 문장 하나를 얼마나 공들여 사색하면서 담은 것인지를 알게 되었다. 인연으로 만나 나에게 온 책 한 권에는 그 책을 쓴 저자의 모든 사상과 앎 그리고 내적 경험이 통째로 나에게 온 것이다. 저자들이 그들만의 보화를 아낌없이 내게 나누어준 덕분에 『나는 시니어 작가로 새 인생을 산다』가 이 세상에 빛을 볼 수 있었다. 그래서 감사하다. 너무도 감사하다.

chapter 3 ───────────────

글쓰기의 연금술을 깨달아라

파울로 코엘료의 장편 소설 『연금술사』에는 연금술이란 단지 철이나 납을 금으로 바꾸는 신비로운 작업을 가리키는 것이 아니라고 한다. 진정한 연금술은 "만물과 통하는 우주의 언어를 꿰뚫어 마침내 남과 비교할 수 없는 나의 길, 나의 참된 운명을 사는 것이다."라고 밝히고 있다. 연금술사가 세상에 하나밖에 없는 보석을 다듬듯이 자기만의 언어를 다듬으면서 글을 쓰면 상처는 깨달음, 용서, 치유로 바뀐다. 글쓰기를 통해 마음의 걸림돌들이 무엇이었는지 더 많이 알아낼수록 내면에 긍정적인 변화가 일어난다. 그래서 글을 쓰는 사람은 연금술사가 되어 새로운 존재로 다시 태어난다.

1

치유의 힘

나만의 언어를 창조하며 회복하는 힘

글쓰기는 연금술사

사람 마음이 참 약하디약하다. 언젠가 날이 어두워졌을 때의 일이다. 가로등이 켜지면 마음이 더 밝아져야 하는데, 내 마음은 더 어두워졌다. 고등학교 때 단짝 친구의 남편이 대기업 임원이라는데 내 마음이 왜 암담해지고 있는 걸까? 이런 날은 노동 현장에서 갖고 있던 자신감, 즐거움은 온데간데없이 사라지고 한없이 위축된 내가 청소 현장에 서 있다. 나는 노동자니까 노동자 대우를 당연히 받아야 하는데 제대로 갑질을 하는 사람을 만나 험한 대우를 받을 때는 밟히고 구겨지는 것 같아 아프고 또 아프다.

그런 날은 나에게 글을 쓴다. '많이 아팠지? 미안해. 요즘 자꾸만 안 좋은 일이 있네. 이렇게 살게 해서 미안해. 그런데 괜찮아. 앞으로 더 나아질 거니까. 자, 다시 마음을 추슬러보자. 우리 행복해지자.' 나에게 내가 들려주는 언어들이 상처를 밖으로 꺼내어 보듬어준다. 꺼내는 것만으로도 상처가 옅어지고 마음이 다시 단단해지는 것 같다. 그런데 상처가 너무 깊으면 타성에 젖은 식상한 언어로는 치유가 되지 않는다. 그럴 때면 상처를 치유할 수 있는 새로운 언어를 찾아 책 세상으로 달려간다. 방송인 허지웅의 『버티는 삶에 관하여』에는 다음과 같은 구절이 있다. "마음속에 오래 지키고 싶은 문장을 한 가지씩 준비해놓고 끝까지 버팁시다."

책을 읽으면서 내 마음속 상처를 놀랍도록 포착한 문장을 만나거나, 그 아픈 감정이 언어의 옷을 입고 세상 밖으로 나오면 조금씩 치유가 되는 것을 느낀다.

마음을 꺼내는 도구, 언어

글을 쓰면서 나다운 길을 걸어가는 것이 인생 2막에 갖게 된 새로운 꿈이다. 나다움을 창조하는 데 필요한 것은 책 읽기와 글쓰기 이 두 가지만 있으면 된다. 쓰기 위해서는 언어라는 오래된 도구가 있어야 한다. 그런데 그 언어를 다루는 것이 그리 수월하지는 않다. 언어가 술술 나오면 되는데 여간해서 그런 일은 없다. 마음이 아픈데, 너무도 아픈데 딱히 표현할 수 있는 말이 찾아지지 않을 때는 어떻게 해야 할까? 글을 써야 하는데 좀처럼 영감이 떠오르지 않을 때는 또 어떻게 해야 할까? 적당한 말과 글이 떠오르지 않는다고 글쓰기를 멈추어서는 안 된다. 글쓰기는 기능이지 예술이 아니다. 기능은 연마하면 익힐 수가 있다. 매일 시간과 쓰는 양을 정해놓고 버티고 앉아 꾸역꾸역 쓰다 보면 어느 때인가 글이라는 옷을 입고 모습을 드러낸다. 애쓰면서 써 내려간 글에는 자신의 지혜가 담긴다. 그 지혜로 자신을 치유할 수 있다.

마음과 소통하는 일기

마음속 상처를 꺼내는 여러 가지 글쓰기 방법이 있는데 그중에 일기는 참 효과적인 방법의 하나다. 일기를 쓰게 되면 자기 안의 다양한 목소리와 소통하게 된다. 사소한 일상을 기록하면서 수십 년 전의 고통스러운 일들이 떠오르기도 한다. 묵혀두었던 감정들을 솔직하게 느끼기도 한다. 그 감정들을 파고들어 언어로 표현하면 상처를 이해하고, 인정하고, 감싸 안는 힘을 얻을 수 있다.

일기를 쓰면서 자신의 힘으로는 도저히 통제하기 힘든 사건들에 당당히 맞서며 놀랍게 버티었던 인물이 있다. 그는 안네 프랑크다. 안네 프랑크는 나치의 악랄한 압제를 피해 2년 동안 작은 다락방에서 숨어 지냈다. 일기 속에 키티라는 자아의 대리인을 설정해놓고 마음껏 소통하였고 이것이 암담한 삶에 한 줄기 빛이 되어주었다. 안네는 일기 속에 힘들고 비참한 생활에 대한 느낌뿐만이 아니라 정말 훌륭한 글을 쓰고 싶은 꿈과 희망도 솔직하고 간절하게 담았다. 안네를 포함한 은신처의 모든 사람은 죽었지만, 그녀의 아버지만이 살아남아 『안네의 일기』를 책으로 펴내게 되었다. 작가가 되고 싶었던 안네의 꿈은 일기장에 쓴 글로 마침내 이루어졌다.

마음을 치유하는 일기

일기는 일상의 기록이지만 자기 삶을 진지하게 탐구하는 사람만이 계속 이어갈 수 있는 훌륭한 글쓰기다. 일기에 생각, 감정과 느낌을 세세히 살피면서 적극적으로 표현하면 마음과 영혼의 치유가 구체적으로 빠르게 일어날 수 있다. 다음의 글은 2022년 2월에 쓴 나의 일기이다.

2022년 2월 8일

내 인생만 아쉽고 아픈 것 같다. 그런데 아쉽지 않고 아프지 않은 인생이 과연 있을까? 모든 인생이 다 아쉽고 아픈 것은 아닐까? 오늘 방문한 고객은 힘겹게 살았던 자신의 63년 세월에 대해 털어놓았다. 28세 때부터 사업에 뛰어들어 크게 성공했지만, 남편이 보증을 잘못 서 강남에 있는 100억 이상의 건물을 한순간에 잃었고, 이후에 다시 사업에 뛰어들어 재기할 수 있었다고 했다. "아줌마, 나 정말 파란만장하게 살았어." 하는 목소리에 깃든 한이 느껴져 이분도 아쉽고 아픈 인생을 살았다는 것을 알 수 있었다.

나는 28세 때 무엇을 했었지? 하느님께 미쳤었다. 영성에 관한 책에 몰두했고 묵상하고 기도했다. 내가 들어갈 수도원을 찾아 헤매고 다녔다. 아무도 나의 뜻을 꺾지 못했다. 부모도, 형제자매도, 친구도. 그런데 지금은 그 세월이 아쉽고 아프다. 결코 실패의 시간은 아니었을진대 길고 길었던 세월을 쉽게 말하지 못하고 가슴에 묻어둔 채 살아가고 있다. 매일의 노동을 마다하지 않다가도 지칠 때면 그 세월이 아쉽고 아프다. 20대면 정말 큰 꿈을 이룰 수 있었을 텐데 그 엄청난 가능성을 포기하고, 보이지 않는 믿음에 나를 아낌없이 던져버렸다. 대체 어디서 그런 대단한 용기가 생겼던 것일까? 과연 용기만으로 그러한 선택을 할 수 있었을까? 지금 생각해보면 그것은 용기가 아니라 만남 때문이었다. 그때 하느님을 만났기에 그런 거룩한 선택을 할 수 있었다. 그러니 놓고 온 세월을 아쉽다고 아프다고 하지 말아야겠다. 이제 내가 아쉽고 아파해야 할 것은 나다운 사람이 되어 나만의 길을 개척하는 노력을 게을리하는 것에 대해 아쉬워해야 하고, 아파해야 할 것이다.

이 일기는 수도원에서 살았던 10년 이상의 세월로 인해 따라잡을 수 없게만 느껴지는 경제적인 격차에 대해 많이 절망하던 시기에 썼던 글이다. 사는 게 너무 고생스럽고 어이없어 그 넋두리를 일기장에 한 글자 한 글자 써 내려가다 보면 이상할 정도로 담담해지곤 했다. 그리고 유독 나만 힘들고 내가 제일 우울한 듯싶은 늪에서 슬그머니 헤어 나올 힘, '당신도 힘들군요!' 하면서 그의 마음을 위로할 힘도 생겼다. 그래서 나의 일기는 항상 행복한 여운으로 끝나는 해피엔딩이다.

가장 중요한 치유, 나다워지기

세퍼드 코미나스는 『치유의 글쓰기』에서 "진정으로 치유를 원한다면 펜과 종이, 그리고 글을 쓰겠다는 각오만 있으면 된다."라고 말하고 있다. 이 말이 이제는 어떤 의미인지 알 수 있어 감사하다. 나는 글쓰기를 통해 몸과 마음, 영혼의 건강을 되찾아가고 있다. 글 쓰는 기쁨이 너무 커서 사소한 상처는 흔적을 남기지 않는다. 도대체 글쓰기를 통해 어떻게 치유가 일어날 수 있다는 걸까? 그것은 마음속 밑바닥에 숨어있는 본래의 자신을 언어로 표현하면서 점점 더 나다워지고 나를 회복하기 때문이다. 내가 나다워진다는 것은 외부의 자극들에 쉽게 흔들리지 않을 정도로 단단해지는 것이고, 꿈과 소통하며 창조적인 활력 안에서 살아가는 것이다. 빛이 강한 곳에는 어둠이 깃들 공간이 없듯이 나다움이 확고한 사람은 쉽게 좌절하지도 상처받지도 않는다. 그러므로 나만의 언어를 창조하면서 내가 나다워지는 일이야말로 가장 근본적인 치유다.

2

공감의 힘

최고의 나를 향한 독자의 감동

글 쓰는 사람

 나는 기도하는 사람, 노동하는 사람, 그리고 이제는 글도 쓰는 사람이 되고 싶다. 세상이 참 좋아져서 문단 등단이라는 험난한 절차를 거치지 않아도 하얀 백지 위에 글을 쓰고 '나도 작가다!' 하면 글 쓰는 사람이 될 수 있다. 대학교 때 읽었던 『그리스인 조르바』가 떠올랐다. 조르바는 본능에 충실하고, 말보다는 몸짓에 익숙한 사람이었다. 질그릇을 만들려고 물레를 돌리는데, 새끼손가락이 거슬린다고 도끼로 잘라버렸다는 조르바. 손가락에 가시 하나만 박혀도 그 손가락은 제대로 제 기능을 발휘하지 못한다. 하물며 새끼손가락이 잘려 나갔으니 얼마나 많은 불편을 감수해야 했을까. 그가 그 불편을 짐작하지 못했을 리가 없음에도 손가락을 자른 것은 물레를 돌려 질그릇을 만드는 일이 그에게 얼마나 절박한 일이었는지 알 수 있다.

　누구나 책을 쓸 수 있다. 그러나 책을 쓰고자 하는 절박함의 정도는 다 다르다. '나'를 본질로 데려가 나다워질 수 있게 하는 책 쓰기 여정에 나는 꽤 절박하다. 어느 날 한 지인이 출간 소식을 알렸다. 그 소식을 듣고 너무도 부러워서 울컥하며 눈물이 날 정도다. 나도 출간 소식을 알리기 위해 책으로부터 영양분을 빨아들이며 끈덕지게 앉아서 책을 쓰고 있다. 원고가 한 장 한 장 쌓일수록 써진 글에게 자꾸만 묻게 되는 것이 있다. 장구한 세월 속에 쌓인 그 많은 책과 매일 쏟아져 나오는 신간들의 홍수 속에서 내 책은 독자들의 공감을 얻으며 살아남을 수 있을까? 우연히 내 책을 집어 든 독자에게 민폐를 끼치는 형편없는 책을 쓰느라 헛고생을 하는 것은 아닐까? 묻지 않을 수 없었다.

내 책의 심장

　내 책의 미래는 무엇일까? 속 시원한 답을 절대 찾을 수 없으면서도 나는 책을 쓰지 않으면 안 되었다. 책을 쓰고 싶은 절박함이 나를 끌어당겼기 때문이다. 그 질문에 대한 나의 대답은 이렇다. 생각과 지식으로 쓰되 마음을 플러스해서 쓴다면 독자들의 공감을 얻을 것이다. 그래서 책들에서 지식을 얻으면서 동시에 마음이 담긴 나의 이야기에 항상 귀를 기울였다. 가슴속에 묻어둔 수도원에서 살았던 이야기, 청소 노동자로 사는 이야기도 썼다. 은밀한 일기장도 용기 있게 공개하였다. 물가에 피는 꽃이라면 물가에 피는 꽃대로, 자기가 타고난 성품대로 자기답게 살아가는 이야기의 꽃에 독자들 공감의 꽃도 피어날 수 있지 않을까 하며 희망을 품어본다. 큰 나무에 수많은 잔뿌리가 달려 있듯이 가장 개인적인 것이 가장 창의적인 것에 유기적으로 연결되어 있다고 믿는다. 그래서 지레 겁먹지 않고 나의 이야기를 내 책의 심장으로 삼았다.

최고의 나를 향한 솔개의 비상

송숙희는 『내 책 쓰기 어때요?』에서 "너무 개인적인 소재인데 책으로 낼 수 있을까요?", "내 이야기가 책이 된다고요?"와 같은 질문에 다음과 같이 단호하게 말하고 있다. "출판이란 당신의 소재일 때라야 가능하다는 얘기랍니다. 남들이 다 하는 이야기 말고요. 다른 사람이 하지 못한 당신의 이야기를 하세요." 이 글을 읽으면서 독자들은 가장 나다운 이야기에 공감한다는 것을 확신할 수 있었다.

여기서 잠깐 나다운 게 과연 무엇일까? 또다시 거듭해서 생각해보지 않을 수 없었다. 13년 이상을 꼭두새벽에 일어나서 묵상했었다. 그때 쌓은 내공에 기대어 나답다는 것에 매달려 깊은 묵상을 시작했다. 묵상 중에 솔개의 비상 이야기가 떠올랐다. 가장 장수하는 조류로 알려진 솔개는 약 70년 정도 산다고 알려져 있다. 이렇게 장수하기 위해서는 40년 정도 살았을 때 갱생 과정을 거쳐야만 한다. 먼저 부리로 바위를 쪼아 부리가 깨지고 빠지게 만든다. 그러면 서서히 새로운 부리가 돋아난다. 그런 후에 새로 돋은 부리로 발톱을 하나씩 뽑아낸다. 새로 발톱이 돋아나면 이번에는 날개의 깃털을 하나하나 뽑아낸다. 뽑힌 날개의 옛 자리에서 새로운 깃털도 돋아난다. 이런 혹독한 과정을 거친 후 솔개는 완전히 새로운 모습으로 변신하게 되고, 다시 힘차게 날아올라 30년의 수명을 더 누리게 된다. 혹자는 이 내용이 과학적으로 근거가 없다는 지적도 하지만, 중요한 것은 이 이야기가 전달하고자 하는 메시지가 아닐까.

솔개는 힘없고 늙어버린 자신을 있는 그대로 받아들이며 순응한 것이 아니라 최고의 자신을 끌어당기기 위해 혹독한 과정을 선택했고, 견디어 냈고 마침내 멋지게 변할 수 있었다. 연금술사가 철이나 납을 금으로 바꾸듯이 말이다.

가장 나다운 이야기에 공감하는 독자들

나다워진다는 것은 있는 그대로의 나를 받아들이고, 나만의 독특한 취향을 인정하면서 살아가는 것 그 이상이다. 솔개처럼 최고의 자신을 끌어당겨 충분히 반짝이는 나로 변하는 연금술사가 되는 것이다. 그렇게 되면 남과 비교할 수 없는 존재가 되어 남들이 다 하는 그런 이야기가 아니라 다른 사람이 할 수 없는, 하지 못한 그런 나만의 이야기를 할 수 있게 된다.

최근에 가장 뜨거운 베스트셀러는 자청의 『역행자』다. 10대 때 외모, 돈, 공부 그 어떤 것에서도 최하위였던 그가 20대 때 인생 공략집을 깨닫는다. 그 후 운명과 본능의 지배에서 벗어나 경제적 자유와 행복한 인생을 누리는 최고의 자신으로 탈바꿈하는 데 성공했고, 그의 이야기는 독자들의 엄청난 공감을 얻고 있다.

'살아가다 보면 어딘가에 닿게 되겠지!' 하는 아무런 의지도 힘도 없는 삶으로는 결코 최고의 자신으로 변할 수 없다. 그런 나약한 인생 이야기에 공감해 줄 독자도 물론 없을 것이다. 공감은 최고의 자신으로 변화하기 위해 치열하게 애쓴 나를 향한 독자의 응원이고 격려고 감동이다.

책 속에서 만난 공감의 힘

공감은 사람과 사람이 감정적으로 연결되고 도움을 주는 방식으로 이어주는 유대감이다. 공감을 일으키지 못하는 글쓰기는 제 기능을 다 하지 못한 것이다. 반대로 책에서 얻어낸 공감이 실행에 옮겨지기만 하면 최고의 나를 끌어당겨 내 삶에도 솔개의 멋진 비상이 일어날 수 있다. 그러므로 공감은 인간이 갖춘 강력한 힘이기도 하다. 공감하면서 얄팍하기만 했던 지성은 두터워지고, 무르기만 했던 감성은 단단해지며, 평범함에 갇혀 있던 꿈은 비범함의 비상을 꿈꾸기도 한다.

내 생애 첫 책 쓰기 꿈도 '당신도 책을 써야 한다'는 책 속의 글에 대한 깊은 공감에서 시작되었다. 책 쓰기를 하다 보면 어떤 날은 3~4시간을 꼬박 앉아서 A4용지 열 줄도 못 쓸 때가 있다. 그럴 때면 막힌 글의 흐름을 뚫어내려고 책을 또다시 읽기 시작한다. 그때 큰 역할을 하는 것은 역시 공감이다. 책 속에서 만난 저자의 생각과 메시지에 공감하게 되면, 공감과 맺어진 유대감으로 풀리지 않던 글이 엉킨 실타래가 풀리듯 순식간에 풀려버린다. 저자와 나의 감정이 공감으로 연결되어 상호작용을 하면서 뇌에 있는 수많은 회로가 동시에 작동되는 것만 같다. 共感(공감)은 공명(共鳴)을 일으킨다. 솔개의 비상 이야기에 공감하면서 나도 솔개처럼 나의 무딘 부리, 발톱, 날개를 뽑아내서 비상하겠노라, 다짐하며 꿈을 꾸게 된다. 나의 노년 인생을 더 상상하고 더 이해하며, 나답게 최고의 나를 끌어당겨 보겠노라고 결심까지 끌어내고 있느니 공감의 힘은 참으로 위대하다.

글쓰기는 정서와 맞닿아 있는 공감 능력에 기반을 두고 있다. 공감 능력 없이 뛰어난 글쓰기는 기대하기 힘들다. 글을 쓰겠다고 작정한 사람이라면 공감 능력을 충족시키고 이를 연마할 수 있도록 끊임없이 노력해야 한다.

3

통찰의 힘

|

모든 사물의 본질을 붙잡는 힘

글쓰기의 발판이 되어주는 통찰

나이 들어가는 것을 좋아할 사람은 별로 없을 것이다. 나이가 듦에 따라 얼굴의 조직들은 노화 과정을 거치게 되면서 주름은 점점 더 깊어진다. 세월의 흔적인 주름을 단순 메이크업만으로 숨기기가 힘든 만큼 문제의 원인을 찾아 얼굴 올림술(안면 거상술), 이마 올림술, 뺨의 주름 제거술 등 적극적인 방법으로 주름을 없애려는 사람들이 점점 많아지고 있다.

하루에 4시간씩 가정 클리너 일을 한 적이 있었다. 각 가정을 방문할 때마다 삶의 희로애락을 간접 경험할 수 있었다. 고객으로 만났던 한 할머니의 이야기다. 할머니는 이혼하고 꽃꽂이 강사를 하면서 천신만고 끝에 남편 도움 없이 삼 남매를 훌륭히 키웠다. 그러다 이혼한 지 10년이 넘어서 남편과 재결합했으나 마음으로 남편을 받아들인 것은 아니었다. 혼기를 앞둔 자식들과 신앙 때문이었다. 그런데 그때부터 엄청난 시련이 또다시 되풀이되었다. 젊어서부터 외도를 일삼던 남편이 78세가 되던 해에 슬그머니 나가서는 이마 올림술과 뺨의 주름제거 수술을 하고 온 것이다. 나는 그 말을 듣고 너무도 이해가 안 되고 어처구니가 없어 한동안 말문을 닫고 말았다. 그 사실 하나만으로도 할머니의 평생 마음고생이 어떠했는지 어느 정도 짐작할 수 있었다.

글을 쓰게 되면 사람들의 행동과 일상을 파고들게 된다. 할머니와 할머니 남편의 이야기를 접하면서 나이 듦에 대한 통찰을 얻을 수 있었다. 죽음과 가까워지는 세월 앞에서 좀 더 젊어지고 싶은 마음을 이해 못 하는 것도 아니다. 그러나 노화는 나이 들면서 진행되는 자연스러운 변화 과정임을 받아들이지 못하는 옹색한 마음이 매우 아쉬웠다. 겉모습이 제아무리 젊어 보인다고 할지라도 자신의 지난 인생에 대해서 사색하지 않는 마음과 곁에 있는 사람의 마음을 헤아리지 못하는 인격의 가난함은 자신에게 짓는 죄 중에 가장 큰 죄가 아닐까.

나이 드는 것을 체감하는 건 조금 서글픈 일이지만 살아오면서 배운 것도 겪은 것도 많으니 오히려 큰 자산이고 자랑거리가 더 많을 수 있다. 가장 아름다운 건 제 나이를 살아가는 게 아닌가 싶다. 통찰은 나이 듦을 단순히 늙어감이 아니라 제 나이를 사는 즐거움이라는 발상으로 전환할 수 있는 연금술적 힘을 준다. 모든 사물의 본질을 붙잡는 글쓰기의 핵심은 생각을 뒤집어 예리한 관찰력으로 나만의 것을 발견하는 것이 목표인데, 이때 발판이 되어주는 것이 바로 통찰의 힘이다.

통찰의 5가지 코드 영역

어떻게 일상에서 통찰을 얻어 이를 글쓰기의 발판으로 삼을지에 대한 5가지 코드를 소개한다.

코드1 : 시간의 통찰

삶의 모든 것이 시간이라는 거대한 신비와 엮여 있다. 가만히 아무것도 하지 않으면 아무 일도 일어나지 않지만, 의미를 부여하려는 노력을 담으면 시간은 무언가 많은 것들을 가져다준다. 사람마다 시간을 보내는 방법이 완전히 다르다. 매일 아침 별다를 게 없는 삶인 것처럼 일어나는 사람이 있는가 하면 미라클 모닝을 실천하면서 최고의 자신으로 거듭나기 위한 의지를 활활 불태우면서 일어나는 사람도 있다.

할 엘로드 저자는 『미라클 모닝』에서 아침 시간이 기적을 만든다는 통찰을 다음과 같이 말하고 있다. "미라클 모닝은 아주 짧은 시간에 불가능해 보이는 난관을 극복해내고, 엄청난 돌파구를 마련하고, 상황을 호전시키는 단 한 가지 방법임을 수없이 증명해냈다." 미라클 모닝은 글 쓰는 인생도 놀랍게 변화시킬 수 있는 최고의 방법이다. 아침마다 일어나 꾸준히 글을 쓴다면 글쓰기 효과를 극대화할 수 있고 더 많은 영감을 받으면서 글쓰기에 자신감 있는 사람이 될 수 있다.

아침에 일어나 글을 쓰며 최고의 인생을 이루어낸 사람들이 얼마나 많은가. 세계적인 작가들, 스티븐 킹, 어니스트 헤밍웨이 등은 아침에 명작을 만들 초석을 마련했다고 한다. 이 책을 쓰고 있는 나도 미라클 모닝의 덕을 톡톡히 본 사람 중의 하나이다. 가장 큰 결실은 책을 쓰고 싶은 열망과 나도 책을 쓰겠다는 용기를 얻은 것이다. 지금은 12시간 노동을 하는 중이라 취침 시간이 너무 늦어서 나의 미라클 모닝은 아침 7시에 지역도서관에서 시작된다. 같은 시간대에, 같은 시간만큼 꾸준히 책을 읽고 쓰는 것보다 더 좋은 글쓰기 방법은 없다.

코드2 : 교감의 통찰

책 읽기는 놀라운 경험이다. 책 속에 담긴 온갖 이야기들은 우리 내면으로 스며들어 저자의 생각, 메시지, 감정들과 교감을 하게 된다. 그 교감을 통해 자기만의 언어가 만들어진다. 진짜 나와 만나 깊이 교감할 수 있는 계기와 흐름을 만들어주는 책 읽기의 가치를 통찰한 사람만이 누릴 수 있는 특권이 독서광, 책벌레라는 기분 좋은 별명이다. 이들만이 질 높은 글을 쓸 수 있는 발판을 마련할 수 있다.

코드3 : 메시지의 통찰

강원국의 『말하듯이 쓴다』에는 이런 멋진 말이 있다. "자신의 글을 쓰면 재미있어 죽을 지경이 될지도 모른다. 부디 살아남아서 나답게 사는 찬란한 날을 맞길 바란다." 사실 책을 한 권 쓴다는 것은 만만치 않은 일이다. 그래도 그 힘든 여정을 걷는 이유는 자신만의 메시지를 전하고자 함이 아닐까? 글을 쓰면서 재미있어 죽을 지경이 된다는 것은 내가 나의 이야기에 푹 빠져버렸고 그 이야기가 가진 메시지에 내가 공감하고 있다는 것이다. 내가 공감하지 않는 나의 이야기와 메시지에 공감할 독자는 아마도 없을 것이다. 내가 아는 나보다 더 많은 내가 있다는 것을 믿을 수 있을 때 새삼 놀랍고 재미있다. 그 재미가 더해지는 만큼 전하고자 하는 메시지를 더욱 통찰할 수 있게 될 것이다.

코드4 : 콘셉트의 통찰

자기의 이야기에 대한 글이 남의 글에서 얻은 지식을 나열하는 것보다 독자의 공감을 더 불러일으킨다. 그리고 자기 이야기의 중심이 무엇인지를 통찰하여 관심과 흥미를 일으킬 수 있는 콘셉트를 찾아야 한다. 그렇다고 해서 콘셉트를 찾는 과정이 거창한 게 아니다. 꾸준히 읽고 쓰고 생각하다 보면 콘셉트의 전체 윤곽이 보이는 통찰의 순간이 반드시 온다.

'이것을 내 콘셉트로 삼으면 되겠구나.' 하는 그것을 책의 곳곳에 심화 확장해나가는 것이 책이다. 책에서 읽은 내용과 내가 가진 것을 연결, 결합, 융합하면서 자기 것으로 만들면 그것이 콘셉트이고, 이런 과정을 거치는 것에 성공한 책만이 독자들에게 읽히는 책으로 살아남게 된다. 콘셉트가 충분히 있어 독자들의 공감을 끌어당길 수 있는 책은 독자들의 삶에 실마리를 찾게 해주고, 저자의 인생도 새롭게 엮는 새로운 기회를 마련해줄 것이다.

코드5 : 독자에 대한 통찰

독자는 인내심이 없고 까다롭다고 한다. 평생 남의 글만 읽던 내가 책 공급자가 되어보려 하니 독자들에 관해 관심이 커졌다. 글쓰기는 대상에 공감하는 과정이다. 강원국의 『말하듯이 쓴다』에서는 "독자의 심정과 사정을 읽고 건드려야 좋은 글이다. 그런 글을 읽으면 절로 '이 글 공감이 간다.' 하고 반응한다."라고 쓰여 있다. 독자의 공감을 불러일으키는 것이 책이 끌어낼 수 있는 최종 목표일 것이다. 누군가 나의 처지와 심정을 알아주고 공감해주면 그 사람을 내 편이라고 믿게 된다. 책이 그런 믿음을 주면 책은 자기 역할을 훌륭히 해낸 것이다.

글쓰기 본질에 대한 통찰

　노후를 보내기 위해 경상북도 봉화 산골에 사놓은 아담한 집과 땅이 있다. 아무리 바빠도 한 달에 한 번은 남편과 함께 다녀온다. 고속도로를 달리다 보면 가끔 거침없이 달리던 차들이 갑자기 앞에 줄이어 늘어선 차의 꽁무니를 바라보며 주춤거릴 때가 있다. 흔히 말하는 병목 현상이 일어난 것이다. 병목 현상이 늘 그렇듯, 막상 그곳을 지나가면 의아하다는 생각이 든다. 나머지 차선이 있었는데 그리 막혔다는 게 쉽게 믿기지를 않기 때문이다.

　글쓰기에도 병목 현상이 자주 일어난다. 이를 피하기 위해서는 하루 24시간 중에 어떤 시간을 통째로 빼서 글쓰기에 투자해야 한다. 그것도 같은 시간대에 같은 시간만큼 말이다. 글 쓰는 시간을 할애하지도 않으면서 글쓰기의 막힘을 호소하는 이들이 있다. 그리고 책을 읽지 않으면서 글을 잘 쓰고 싶어 하는 사람들도 참 많다. 읽지 않고 쓰지 않는다면 글쓰기 병목 현상이 일어나 앞으로 나아가지 못하게 될 것이다. 글쓰기와 책 읽기는 한 몸이기 때문이다. 서로 주고받는 글쓰기와 책 읽기의 리듬 속에서 한 권의 책은 완성된다.

　유홍준의 『나의 문화유산 답사기』에는 이런 문장이 있다. "사랑하면 알게 되고, 알게 되면 보이나니, 그때 보이는 것은 전과 같지 않으리라." 이 글처럼 글쓰기를 많이 사랑할수록 사람들과 나에 대해서 알게 되고, 알게 되는 만큼 내 책 속에 나만의 메시지를 어떻게 담아야 할지가 보인다. 보이는 만큼 책 쓰기 길이 너무도 좋다. 내가 먼저 걷고 있는 이 길이 너무 좋아서 독자들에게 '함께 가보자!' 하며 초대하고 싶다. 나만 알고 있는 것이 아까워 '같이 써보자!' 해본다.

4

자기실현의 힘

나 자신이 되어 나로 사는 힘

나, 자아, 자기

    우리는 자기에 대해서 잘 모르겠다는 말을 종종 하면서 살고 있다. 나, 자아, 자기, 다 같은 말 같은데 심리학에선 아주 다르게 설명되고 있다. 심리학도로서 융의 분석 심리학 이론을 가져와서 간단히 설명해보면 다음과 같다. 마음은 내가 알고 있는 의식하는 마음이 있고, 내가 가지고 있으나 모르고 있는 마음, 무의식의 마음이 있다. 자아(나, ego)는 의식의 중심이지만 자기(Self)는 의식과 무의식을 한 전체 정신의 중심이다.

    자아는 알고 있는 세계이므로 자아실현이라는 말은 어울리지 않는다. 실현하는 것은 자아가 아니고 자기다. 왜냐하면 자기실현이란 아직 모르는 부분의 전인격 모습을 드러내면서 실현하는 것을 말하기 때문이다. 그런데 자기실현을 하려면 굉장히 무엇인가를 해야만 할 것 같아 심각하고 복잡해지는데 사실은 그렇지 않다. 자기실현은 한마디로 자기 자신이 되는 것이다. 개인이 내면에 잔뜩 품고 있으나 아직 삶에서 실현하지 못한 것들을 가능한 한 많이 실현하는 것이다. 이 세상에 태어날 때부터 가지고 온 모든 욕망과 재능과 가능성을 남김없이 발휘하고 통합하는 것이 자기실현이다.

글쓰기와 자기실현

　글쓰기는 창조적인 일, 곧 자기를 표현하는 일이다. 그러므로 글을 쓰는 사람에게 자기실현은 참 중요한 문제이다. 내가 알지 못하는 부분이 많으면 많을수록 자기다움을 표현하는 글이 잘 안 써지기 때문이다. 그렇다고 자기실현을 한 후에 글을 쓰겠다고 생각한다면 글을 쓰면서 자기실현을 할 수 있는 절호의 기회를 영영 잃고 말 것이다. 그러므로 내가 쓴 매끄럽지 못한 문장이 유명한 저자가 쓴 책 속의 명쾌한 문장과 비교되어 글을 쓰겠다는 의지가 꺾일 때라도 멈추지 말고 버티고 앉아 꾸준히 글을 써야 한다. 글 쓰는 인생으로 자기를 실현하고 싶다면 말이다.

　윌리엄 진서의 『글쓰기 생각 쓰기』에서 너무도 공감되어 마음에 새겨 둔 문장이 있다. "내가 무엇을 쓰든, 작가로서 내가 팔 것은 나 자신이다. 그리고 여러분이 팔 것도 여러분 자신이다." 이 글에서도 그 무엇보다도 자기가 되어 자기의 이야기를 써야 함을 강조하고 있다.

나의 일상을 팔아 쓴 나의 이야기

2022년 2월 9일

아침부터 천둥과 폭우가 쏟아졌다. 현관 앞으로 내리꽂히는 비를 바라보며 남편과 커피를 마시다가 둘 다 일하러 가기 싫어졌다. 빗줄기의 낭만이 너무 좋아서다. 그렇지만 생계형 노동자인 우리 부부는 낭만을 툴툴 털고 각자의 일터로 향했다. 오늘따라 차도가 꽉 막혔다. 비가 와서일까? 아니면 원래 이쪽 길, 이 시간은 늘 차가 막히는 걸까? 시간을 지켜달라는 고객 요청사항이 떠올라 조바심이 나기 시작했다. 강남에서의 학습지 교사 시절에 출근할 때마다 이렇게 차량 정체가 심각해 힘들었는데…, 우두커니 차 안에 앉아 있으려니 시시콜콜한 옛 생각이 꼬리에 꼬리를 물며 추억 상자에서 스멀스멀 빠져나왔다.

지금은 가정 클리너가 나의 직업이다. 오늘 방문할 고객이 써놓은 요청사항에는 시간 엄수뿐만이 아니라 여러 가지 내용들이 빼곡히 적혀 있었다. 그중에 친정아버지가 혼자 산다는 내용이 신경 쓰였다. 약속 시간보다 5분 늦게 도착한 나를 할아버지 한 분이 무심한 듯 맞아주었다. 집에는 그 집에 사는 사람의 많은 정보가 담겨 있다. '할아버지는 예전에 교수님이셨구나, 돌아가신 할머니가 참 깔끔하셨겠구나, 수북이 쌓여 있는 약 보따리 위에 쌓인 먼지, 스텐 요강, 변기 옆에 설치된 지지대를 바라보면서 할머니께서 돌아가시기 전에 병환이 깊으셨겠구나.' 하며 이런저런 상황을 짐작할 수 있었다.

모든 희로애락을 함께 하던 부부가 한 사람을 먼저 떠나보내고 혼자가 된다는 것은 감당키 어려운 삶의 무게일 것이다. 물론 그렇지 않다고 할 사람도 있겠지만 적어도 나의 경우는 그렇다.

가톨릭교회의 수도자였을 때 광화문 쪽방에 사는 독거노인들을 일주일에 한 번씩 방문해서 돌봐드렸던 적이 있었다. 몸 하나 누울 정도의 좁은 공간에는 가난함과 외로움이 꽉꽉 채워져 있었고, 방 한구석에는 제대로 닦지 않은 그릇들이 나뒹굴고 있었다. 경제적으로나 인간적으로나 삶의 품격을 전혀 찾아볼 수 없었던 독거노인들의 궁색한 삶이 두려운 기억으로 남아 있다.

수도원을 나오겠다고 결심하면서 가장 힘들었던 것은 숨 쉬는 것(?)까지 함께했던 공동체를 떠나 나 혼자 살아가야 하는 것이었다. 수도원에서 나와 몇 년간 혼자 살면서 독거노인들의 힘겨운 처지에 대한 두렵던 기억이 나를 내내 불안케 했다. 그런데 감사하게도 지금 나는 혼자가 아니라 둘이다. 내가 믿고 의지하고 나를 지지해주고 지켜주는 동반자가 있다. 동반자에게 감사함이 큰 만큼 다시 혼자가 될 날을 생각하면 마음이 힘들어진다. 어쩌면 내가 남편을 두고 먼저 떠날지도 모르지만 말이다. 혼자 남는 것, 혼자 두고 떠나는 것, 아직은 이 두 가지가 모두 다 두렵게 느껴진다.

블로그에 썼던 글이다. 이 글은 일상에서 만난 소재들을 통해 내면에 숨어 있던 두려움이 의식 표면으로 떠오르면서 남편의 존재를 더 소중하게 느끼게 된 나의 이야기이다. 글 쓰는 사람은 어떤 주제를 놓고 글을 쓰더라도 자기 이야기라는 핵심축을 갖고 있어야 한다. 어떤 글을 쓰더라도 그 핵심축을 포기하지 않는다면 독자가 알아차릴 수 있는 나의 글 목소리를 갖게 될 것이다.

다른 작가를 모방하는 글쓰기

글 쓰는 능력은 절대음감을 가진 천재들처럼 천부적으로 타고나기도 하지만 어느 정도는 노력하면서 습득할 수 있다. 글을 잘 쓰기 위한 비결 따위는 없다. 일단 시작해서 버티고 앉아 꾸역꾸역 쓰고, 써진 그 이야기 안에 깃든 메시기를 길어서 올리면 된다. 그런데 글쓰기를 배울 때 혼자서는 결코 얻을 수 없는 것들이 많다. 그때는 다른 작가들을 모방하기를 주저하지 말자. 모방은 창조 과정의 일부다. 글쓰기에서는 특히 그렇다. 나는 다른 작가들의 책을 읽으면서 절묘한 문장을 만나면 영감 노트에 필사한다. 꾸준한 문장 필사는 내 생각이 담긴 문장을 쓸 수 있는 역량을 키우는 데 큰 역할을 하고 있다. 관심 있는 분야에서 최고의 작가 작품을 골라서 읽고 또 읽는 방법도 있다. 읽다 보면 그들의 천재적인 뇌와의 소통이 자연스럽게 이루어져 한 번도 생각해본 적 없던 것들이 무의식을 뚫고 나와 나의 문장들이 탄생하기도 한다. 이렇게 문장을 쓰고 매만지는 과정에서 진짜 자기를 발견하며 자기실현이 이루어진다.

자기실현이란 정확히 나란 사람을 만나는 것이다. 나를 중심에 세워

내 삶이 담긴 글을 쓰면 느낌 있는 글의 문이 열리기 시작하고 냉기가 돌던 글에 온기도 느껴진다. 글쓰기 한 가지에 모든 열정을 쏟아부으면 내가 나를 설명할 수 있는 말, 나를 이해할 수 있는 자기 언어를 갖게 된다. 글쓰기는 무의식과 의식을 자기 언어로 뚫어 표현하며 자기실현을 이루는 가장 심오한 연금술이다.

5

불멸의 힘

최고의 나로 살며 얻는 힘

나의 마지막 순간

"평생을 죽은 채로 살았던 사람들이 정작 눈을 감는 순간이 오면 가장 큰 소리로 비명을 지른다." 이 말은 스위스의 정신과 의사이자 작가인 엘리자베스 퀴블러 로스가 한 말이다. 자신의 인생을 꽃피우려고 애쓰지 않고 방관했던 사람들, 변화와 발전을 외면했던 사람들, 창의적인 삶보다 어제와 똑같은 오늘을 무한반복 하면서 죽은 채로 살았던 사람들이 마지막 순간이 오면 악착같이 몸부림친다는 말에 나 또한 그럴까 봐 소름이 끼칠 정도로 두렵다. 죽는 순간에는 살았던 모든 게 한순간에 파노라마처럼 스쳐 지나간다고 한다. 신의 선물인 인생을 그리도 낭비하더니 죽는 순간에 어떤 생각과 감정을 느꼈기에 그토록 악착같이 몸부림을 쳐야 했던 걸까? 묻지 않을 수 없다. 아니 꼭 물어야 한다. 죽음을 맞는 나의 마지막 순간에 대해서 말이다.

세상의 모든 인간은 탄생과 동시에 죽음을 향해 달려가고, 그 사이에 겪게 되는 온갖 근심, 걱정, 질병, 쇠락함, 늙음 역시 인간에게 주어진 피할 수 없는 운명이다. 어떤 의미에서 삶도 죽음도 신의 선물이다. 삶은 세속적이면서도 동시에 성스럽다. 이 두 개의 갈림길에서 인간의 선택만이 있을 뿐이다. 자기를 아름답게 꽃피우지 못했던 인생에 대한 깨달음이 죽는 순간에 봇물 터지듯 밀려올 때 얼마나 비통했겠는가. 몸부림치며 죽어야 했던 그 사람의 삶은 아마도 꽤 세속적이기만 했으리라. 어쩔 수 없이 늙어감의 숙명 앞에 선 연약한 인간이지만 세속을 초월한 성(聖)스러움으로 불멸의 삶을 살 수 있었을 텐데, 안타깝게도 그들은 놓쳐버리고 만 것이다.

'최고의 나'가 되는 경지

우리는 신이 될 수는 없지만, 온전히 제 역할에 최선을 다하며 성(聖)스럽게 사는 '최고의 나'가 되는 경지에 다다를 수는 있다. 강력한 조력자인 잠재력이 있으니 이는 원하기만 한다면 가능한 일이다. 그런데 최고의 나라는 것이 얼마나 막연하고 애매한가? 그것은 우리가 언제 어디서든 망설임 없이 '나는 내가 좋아' 하고 말할 수 있는 것이 아닐까 싶다. 자신을 가장 돋보이게 할 수 있는 것을 마침내 찾은 나라서, 세상에서 모든 것들과 홀로 맞서다가 드디어 나를 사랑해주는 사람을 만난 나라서, 가장 두렵고 무서웠던 고독의 공간을 꿈의 공간으로 만들어버린 나라서 나는 내가 좋다. 나를 많이 이해하고 받아들인 만큼 나는 나다움을 회복할 수 있었다. 회복한 만큼 나는 우주의 통로, 신의 조력자가 될 가능성이 커진다. 나한테 없는 걸 남에게 줄 수 없는 노릇이므로, 나다움을 조금 더 가지게 된 만큼 남에게 조금 더 베풀면서 살 수 있게 되어 감사하다.

나의 언어를 갖는 것

나다움을 회복하고 견고해지기 위해서는 다른 세상과의 만남과 충돌이 있어야 빠르게 진행될 수 있다. 내 안에서만 답을 찾으려면 한계가 있다. 책을 읽으면서, 나와 전혀 다른 저자의 생각과 메시지를 만나 틀에 박힌 나를 틀 밖으로 끄집어내고, 문득 떠오른 생각들을 글로 쓸 때 깨달음이 예고 없이 찾아온다. 나는 매일 꾸준히 앉아 책을 읽고, 책을 쓰는 과정이 반복되면서 나다움을 회복하고 있다. 한 단어, 한 단어를 쌓아 한 권의 책을 만드는 일이 이리도 큰 사건이 되리라는 것을 미처 몰랐다. 어찌 보면 나의 언어를 갖는 것은 불멸의 힘을 갖는 것이다. 나만의 관점과 신념이 깃든 나의 언어로 만들어진 한 권의 책으로 시공간을 초월해 독자들과 소통을 할 수 있기 때문이다.

내 마음의 불꽃

　노동자로 있는 힘껏 살아내느라 지문이 사라져버렸다. 덕분에 홍채로 본인 인증을 대신하고 있다. 롭 무어의 『레버리지』가 말하는 부의 생산성과는 너무도 거리가 먼 육체노동을 하며 고단하게 살고 있지만 전혀 시들어가지 않으면서 의미 있게 잘살고 있다. 글쓰기로 나의 중심을 회복한 후로는 노동하는 나에 대한 의미 없는 좌절도 하지 않게 되었다.

　내 인생에서 믿을 구석은 오직 내 마음의 불꽃뿐이다. 그 불꽃은 책을 읽고 쓰면서 얻게 되는 지혜와 깨달음의 교감으로 타오른다. 인도 승려인 달마는 목숨과 깨달음을 맞바꿀 수 있는 정신력을 가진 사람을 찾고 있다가 그 사람을 찾았을 때 비로소 면벽 수행을 끝내고 웃을 수 있었다고 한다. 깨달음을 구하며 살았던 사람은 최후의 순간에 몸부림치는 것이 아니라 웃을 수 있으리라.

　깨달음은 머리로 배우기보다 몸으로 익히는 과정이다. 어떻게 책을 읽고 쓰는지에 대해 체득하는 길도 누군가에게 물어서 깨닫는 게 아니라 직접 책상에 끈덕지게 앉아 꾸준히 쓰면서 체득하는 연마의 과정이다. 그래서 글 쓰는 인생을 뚫어내는 것은 역시 몸만이 해낼 수 있다. 이제 '어떻게?'라고 묻기 전에 책상 앞에 앉아서 책을 읽고 쓰기를 시작해보자.

　읽고 쓰기는 내가 혼자 하는 것 같지만 사실은 함께하는 일이다. 책 속에 빠진 내 생각과 감정 그리고 저자의 생각 시스템이 우주의 기운 안에서 소통한다. 이것은 직접 체험해보지 않고서는 절대로 공감할 수 없다. 꾸준히 읽고 쓰다 보면 나도 모르는 어떤 순간에 이해할 수 없고 닿을 수 없었던 불멸의 영역에 들어가 있는 것을 직관할 때가 있다. 읽고 쓰기를 반복한 덕에 찾아온 이 순간에 대해 이지성은 『에이트』에서 다음과 같이 표현하고 있다. "이 과정을 반복하다 보면 거짓말처럼 저자의 생각 시스템이 내 것이 되는 마법의 순간, 두뇌에서 지혜의 문이 열리고 가슴에 깨달음의 빛이 비치는 황홀한 순간이 온다."

나로 사는 힘

읽고 쓰기는 나로 사는 힘을 얻으며 나의 최고의 순간을 향해 나아가는 삶의 새로운 방식이다. 그 순간을 향해 나아가는 삶의 순간순간이 불멸과 맞닿아 있기를 기대한다. 사랑하는 내 삶을 불멸의 작품으로 남기는 유일한 길은 엉덩이를 자리에 붙이고 앉아 쓰는 것이다. 요즘 내 삶에서 꼭 이루어졌으면 하고 바라는 세 가지 이야기가 있다. 첫째 내 영혼이 사랑하는 일을 직업으로 삼고 싶다. 둘째, 내가 사랑하는 일을 통해서 경제적 자유를 얻고 싶다. 셋째, 내가 사랑하는 일을 통해서 시간의 자유를 얻고 싶다.

네빌 고다드는 『세상은 당신의 명령을 기다리고 있습니다』에서 새롭게 쓰고 있는 나의 이야기가 실현되기 위해서는 어떻게 써 내려가야 하는지 가르침을 주고 있다. 즉 성공적인 기도는 애원하는 것이 아니라 자신을 새롭게 주장하는 것이어야 한다. 이미 내가 원하는 상태가 되었다고 믿는 것이다. 이런 주장들이 확신에 이르게 된다면, 주변에는 주장하던 것들에 대한 증거의 열매들이 실제로 모습을 드러낸다.

책을 읽고 쓰는 새로운 인생 열차에 올라타 애쓰면서 사는 나에게 힘을 주고 싶다. 내 마음의 불꽃을 피우며 매 순간 마음의 힘을 모아 나로 사는 힘을 얻어보려고 한다. 현재의 나보다 10배나 위대한 마음의 힘을 가진 사람이 되어보겠다고 다짐도 해본다. '나로 사는 힘'은 '불멸의 힘'의 또 다른 이름이다.

chapter 4 ————————

책 쓰기, 훈련만이 답이다

책 쓰기는 대체 불가능한 나를 만들 방법 중 가장 간단하고 강력한 방법이다. 자기만의 경험을 단어와 문장으로 옮겨 적으며 자기만의 사유, 개념들을 만들어내는 책 쓰기는 정말로 가슴 뛰는 내일을 만드는 일이다. 책 쓰기의 빛이 당신의 일상에도 빛나기 위해서는 연습하고 훈련하고 반복해야 한다. 아름다운 젊음은 주어진 것이지만 아름다운 노년은 자신이 만들어가는 것임을 잊지 말자. 이 책을 만난 당신도 책 쓰기로 가슴이 뛰었으면 좋겠다.

1

책 읽기와 책 쓰기의 조화로운 매력에 빠져라

24번 자리를 사수하라!

매일의 청소 노동이 끝나는 시간은 새벽 1시 전후다. 덕분에 매일 취침 시간이 늦을 수밖에 없다. 그런데도 호기롭게 새벽 6시에 알람을 맞춘다. 알람도 좀처럼 깨우지 못하는 깊은 잠을 떨치고 일어나 아침 식사를 정성껏 차린다. 아무리 힘들어도 아침밥은 잘 먹자, 이것이 남편과 나의 건강을 위해 정한 철칙이다. 자반고등어 오븐구이, 2~3가지의 나물, 두부조림, 소고기뭇국, 김치, 김, 청양고추, 된장, 달걀부침, 샐러드가 아침 식사에 오르는 단골 메뉴들이다. 잘 차리긴 했는데 후다닥 먹고 지역 도서관으로 달려간다. 도착하면 오전 7시. 오늘도 24번 자리를 사수했다. 무릎담요, 따뜻한 커피, 그리고 수북이 쌓아놓은 책들이 마음을 설레게 한다. 자, 이제 오전 11시 30분까지 나와 책만 있다. 참으로 고독한 이 시간이 아늑하고 행복하다.

한 권의 책을 쓰기 위해서는 익숙한 것들과의 단절을 시도해야 한다. 익숙한 장소, 익숙한 사물들에서 멀어질 때 집중이 더 잘 된다. 그리고 나의 이야기에도 더 몰입할 수 있다. 고독은 글쓰기를 부양하는 가장 기초적인 자양분이라 할 수 있다.

들숨과 날숨의 신비

책 읽기와 글쓰기는 호흡에 비길 수 있다. 책 읽기는 들숨, 글쓰기는 날숨이다. 들숨과 날숨이 오고 가다 보면 노트북 화면에 글이 선명하게 모습을 드러낸다. 들숨과 날숨이 조화롭게 오고 갈 때는 두 손이 빠르게 키보드 위를 달리지만 그렇지 못할 때는 숨이 턱턱 막히는 것 같다. 하늘을 치솟던 결의가 순식간에 사라져버린다. '책도 한 번 안 써본 내가 어떻게 전문가들이나 쓰는 책 쓰기 책을 쓰겠다는 거야! 5시간도 못 자서 너무 피곤해. 생각이라는 게 도무지 안 되잖아.' 하며 징징대는 소리가 들린다. 그런데도 책 쓰기가 100세 시대를 살아갈 유일한 구원이라도 되듯 나만의 고독에 몰입하며 다시 책 쓰기에 매달린다. 좋은 작품, 좋은 책들은 거저 탄생하는 것이 아님을 절감한다. 책 쓰기는 미친 듯이 몰입하고, 모든 시간과 노력의 땀을 바쳐 죽을 듯이 매달려야 열리는 문인 듯싶다. 일단 내 경우에 말이다.

동양의 모든 수행법은 바르게 숨 쉬는 방법을 수행의 기초로 둔다. 그만큼 바르게 숨을 쉬기는 어려운 일이다. 들숨과 날숨의 역할은 각각 다르다. 건강한 에너지를 축적하는 것은 들숨이고, 막힌 곳들을 두루두루 뚫는 것은 날숨이다. 들숨과 날숨이 떼려야 뗄 수 없는 관계인 것처럼 책 읽기와 글쓰기는 상호연관성이 깊다. 책을 읽지 않는 사람도 글쓰기와 책 쓰기를 잘 할 수 있을까? 없다! 응축된 주제가 담겨 있는 한 권의 책을 읽고 자기 생각과 결합하여 융합시키면서 글을 쓸 힘을 다져나가는 사람만이 지속적인 책 쓰기를 할 수 있다. 들숨이 건강한 에너지를 축적하듯이 책 속에 담긴 저자의 견해에 대한 공감을 통해 자신의 자아 영역이 확장되면서 책은 한 장 한 장 완성된다.

내 생애 첫 책 쓰기

나는 책을 써본 적이 없다. 전문가라서 책을 쓰고 있는 것이 아니라 전문가가 되기 위해서 책을 쓰고 있다고 하면 혹자는 어처구니없다고 할 수 있을 것이다. 깊은숨을 들이마시듯이 책 쓰기에 관한 책들의 핵심을 빨아들이며 얄팍하게 알고 있었던 지식을 업그레이드시키면서 이 책을 쓰고 있다. 그런데 책 쓰기 경험에 바탕을 두고 논리적으로 쓰인 책 쓰기 책들을 읽을 때면 같은 주제로 책을 쓰고 있다는 사실이 난감하고 걱정스럽다. 초대받지 못한 파티에 혼자 들떠서 참석해놓고는 정작 그 분위기에 압도되어 머뭇거리고 있는 기분이랄까. 그러나 이걸 하지 않고 산다는 건 내겐 호흡을 멈추는 것과 같은 정도로 책 쓰기는 간절한 꿈이 되어버렸다.

책에는 저자의 경험, 지식이라는 무형의 가치가 담겨 있다. 나 또한 책을 쓰면서 나의 경험과 지식이 자연스럽게 담기고 있다. 막힌 곳을 두루두루 뚫는 날숨처럼 나의 이야기를 써 내려가다 보니 꽉 움켜쥐고 있었던 마음이 뚫리면서 조금씩 편안해지고 있다. 깊게 숨을 내쉬며 수도원에서 살았던 이야기를 글로 썼더니 그 시간에 대해 실패라는 의식을 내려놓고 오히려 거룩한 경험과 소중한 추억으로 회복할 수 있었다.

긴 호흡으로 책 읽기

보통의 경우 들숨이 짧아지면 병이 온다고 한다. 축적된 이물질, 굳은 신경, 막힌 혈관은 날숨으로 풀지만, 기(氣) 에너지를 축적하는 건 들숨이기 때문이다. 깊게 들이쉬는 숨이 에너지를 축적할 수 있는 것처럼, 빨리빨리 읽기보다 긴 호흡으로 느릿느릿 읽기가 울림이 있는 문장을 쓸 수 있는 에너지를 내면에 쌓을 수 있다. 긴 호흡 책 읽기가 진정한 사색의 기반을 마련해주기 때문이다. 책을 아무리 많이 읽는다 해도 짧은 호흡으로만 읽는다면 지식의 폭은 넓어질 수 없다. 오히려 쌓여가는 책만큼 시간을 잃는 손실을 보게 된다.

책 읽기와 글쓰기의 조화로운 매력

생계형 노동자로 살다 보니 삶의 품격이 자꾸만 떨어지는 듯한 초조함에 책을 손에서 놓을 수가 없었다. 그 책이 '함께해줘서 고마워, 버티느라 수고했어.' 하며 효도하듯 작가의 꿈을 선물로 주었다. 애초에 꾸어본 적이 없던 꿈이라서 '내가 어떻게! 책을 써?'라는 질문에 휩싸일 때가 많았지만, 이제는 작가로 사는 노년 인생을 운명처럼 믿게 되었다. 나는 뒤늦게 꽃핀 레이트 블루머가 되고 싶다. 리치 칼가이드의 『레이트 블루머』의 한 문장을 마음에 새겨본다.

"모든 나이의 레이트 블루머들이여, 운명이 우리를 부른다."

작가로 살기 위해서는 글쓰기 내공을 쌓는 것이 관건이다. "글쓰기 내공을 쌓으려면 어떻게 해야 하나요?"라는 질문에 어떤 작가는 "난 평생 글을 쓰고 나서 생을 마감할 즈음에야 나만의 답을 조심스레 내놓을 수 있을 듯하다."라고 대답한 글이 기억난다. 나는 문장을 매만지는 재미에 푹 빠져 먼 훗날이 아니라 매일매일 그 질문에 대답하면서 살고 싶다. 깊은 들숨과 깊은 날숨의 조화에서 평화로운 마음과 안정을 얻듯이 책 읽기와 글쓰기의 조화로운 매력에 푹 빠져 나만의 언어를 발명하면서 작가의 내공을 쌓아갈 것이다. 나의 언어로 나만의 이야기와 메시지를 전하

며 사는 작가 인생의 꽃을 피우면서 말이다. 항상 내 손길에서 돋아날 따
스한 문장, 공감의 문장, 감동을 부르는 문장, 위로가 되는 문장의 물결
들이 나의 진심을 담아 독자의 마음에 날라주기를 바란다.

2

매일 꾸준히 글을 써 글쓰기 근육을 만들어라

매일 꾸준히 글을 쓰자

연예인 트레이너로 유명세를 날리고 있는 양치승은 한때 허리 26인치, 마른 몸이었다고 한다. 그는 『양치승의 지옥 트레이너』에서 신장은 타고나는 것이지만 그것을 제외하고는 그 무엇도 타고났다고 말할 수 없고, 우리 몸은 꾸준히 힘써 운동하면 누구든 좋은 몸이 될 수 있다고 강조하고 있다. 글쓰기도 마찬가지이다. 올바른 방법으로 꾸준히 글을 쓰면 좋은 글을 쓸 수 있고, 좋은 작가의 글은 타고나는 게 아니라 노력한 자에게만 주어지는 결과다.

배우 차인표는 예능 프로그램인 힐링캠프에 나와서 본인의 운동 경험과 멋진 몸의 비결을 공개했다. 미국에서 흑인 주방장의 멋진 몸을 보고 "어떻게 하면 그런 몸을 가질 수 있냐?"라고 물었다. 흑인 주방장은 하루에 팔굽혀펴기를 1,500개를 하면 된다고 하였다. 그 엄청난 수의 팔굽혀펴기를 달성하기 위해 차인표가 선택한 방법은 조금씩 나누어서 꾸준히 하는 것이었다. 하루에 수십 개의 알람 시간을 맞추어놓고는 장소가 어디든지 간에, 심지어 버스 정류장일지라도 알람이 울리면 그 자리에서 즉시 팔굽혀펴기를 했다. 그는 이러한 놀라운 실천력을 발휘하며 매일 1,500개를 달성하면서 살고 있다고 한다.

글을 써야만 길러지는 글쓰기 근육

글을 잘 쓰기 위해서는 글쓰기 근육을 만들어야 한다. 글쓰기 근육을 만들기 위해서는 일단 쓰는 것이다. 많이 쓰는 것이다. 언제 어디서든, 글을 쓸 수 있는 틈만 생기면 무조건 써야 한다. 오직 쓰는 것만이 글쓰기 근육을 강하게 만들 수 있다. 육체의 근육을 강화할 때 아무리 뛰어난 헬스트레이너의 지도를 받는다고 할지라도 정작 모든 동작은 자신이 해내야만 한다. 글쓰기도 마찬가지다. 누군가에게 약간의 글쓰기 방법을 배울 수는 있지만 그것만으로 충분하지 않다. 어떤 경우에도 혼자의 힘으로 글을 써 내려가야만 한다.

글을 쓸 때는 머릿속의 생각들을 머리 밖으로 끄집어내 연결하고 재구성한다. 생각을 만들고 완성하는 것이 글쓰기이기 때문이다. 생각은 언제 어디서든 시간과 장소에 구애받지 않고 자유롭게 할 수 있다. 노동 현장에서든, 길거리에서든, 아니면 카페에 있든지 간에. 그런데 그 생각과 느낌은 떠오른 그때 붙잡아놓지 않으면 쉽게 놓쳐버리고 만다.

나는 청소 현장에서 항상 오디오 독서를 한다. 독서를 하다 보면 불현듯 좋은 생각이 떠오르는 순간이 있다. 그런데 손에는 늘 고무장갑을 끼고 있어서 그때그때 메모하는 것이 번거로워 나중에 써야지 하며 기억 속에 남겨둔다. 하지만 그날 밤 노트북을 꺼내 글로 옮기려고 하면, 생각을 일으켰던 잔상들만 맴돌 뿐 도무지 기억나지 않아 아쉬울 때가 많았다. 그래서 요즘은 좋은 생각이 떠오르면 즉시 청소 동작을 멈추고 짧은 글들을 스마트폰 메모 앱에 적어놓는다. 청소 현장에서 짬짬이 떠오른 생각을 붙잡아 쓴 일기 한편을 소개한다.

2022년 2월 11일

어제는 모락산의 아름다운 자연을 앞마당과 뒤뜰에 품고 있는 고객의 집이 너무 멋있어서 우와! 하며 탄성을 질렀었다. 그런데 오늘은 정반대의 상황이었다. 플랫폼에 기록된 비밀번호를 누르고 빈집 현관문을 열고 들어선 순간 아이고! 하며 도망치고 싶었다. 집안이 온통 난장판이었다. 너무도 지저분하고 더러웠다. 여자의 손길이 전혀 닿지 않은 듯한 우울한 집안 풍경이었다. 아버지 방으로 여겨지는 작은 방에 놓여 있는 양은 밥상 위에는 빈 소주병들이 제멋대로 넘어져 있었다. 아들 방으로 짐작되는 방의 책상 위에는 먹다 남은 패스트푸드 음식들이 먼지와 함께 놓여 있었다. 이렇게 힘든 청소 현장을 만날 때는 먼저 큰 숨을 몰아쉬며 '할 수 있다'라는 각오를 다지고 청소에 돌입한다. 다행히 효율적으로 청소 효과를 낼 수 있는 청소 도구와 세제가 마련되어 있어서 위안이 많이 되었다. 같은 하늘 아래 살면서 우리네 삶은 왜 이리도 천차만별일까? 집안 곳곳을 박박 닦고 말끔히 정리하면서 이 집에 사는 사람들의 고단한 삶이 아프게 느껴져 마음이 편치 않았다. 4시간의 사투를 벌이고 나니 비로소 쾌적하게 머물 수 있는 공간이 되었다. 쓰레기 분리수거 배출까지 마치고 일을 마무리하면서 이 집에 사는 사람들에게 복을 빌어주고 싶었다. '부디 2022년 한 해 동안 복 아주 많이 받으시고 편안히 사세요.' 하고 그 집을 나섰다.

글은 책상에서 쓰지만, 글감은 삶 곳곳에서 가져온다. 그때그때 떠오른 생각을 붙잡아 적는 습관이 몸에 배는 만큼 글쓰기가 몇 배로 쉬워지고 있다.

글쓰기는 티끌 모아 태산

누구 앞에 내어놓기도 쑥스러운 수준의 글이라도 매일 꾸준히 쓰기만 하면 차곡차곡 함께 쌓이는 것이 있다. 바로 글쓰기 근육이다. 그런데 매일 무엇을 써야 할까? 뭐니 뭐니 해도 가장 좋은 것은 자기 이야기다. 일상에서 눈으로 보고, 귀로 듣는 것을 거쳐 느껴지고 생각하게 되는 것들을 적으면 된다. 메모지나 메모 앱에 적어 두었다가, 여유가 있을 때 하나씩 꺼내어 문장으로, 문단으로 쓰면 된다. 공들여 쓴 글을 차곡차곡 쌓아 두었다가 어느 날 퇴고하듯이 꺼내 읽어보면 너무 문맥도 맞지 않고 서툴러 보여 실망할지도 모른다. 그렇다면 다행이다. 서툰 글을 알아챌 수 있을 정도로 글솜씨가 늘었다는 것이니 축하받을 일이다.

티끌 모아 태산이라는 말이 있다. 글쓰기야말로 티끌 모아 태산이 맞다. 배우 차인표가 남의 시선을 아랑곳하지 않고, 알람 소리에 맞추어 버스 정류장에서조차도 팔굽혀펴기를 실천했던 것처럼 하루 중에 10분이든, 20분이든 시간을 내어 6개월, 1년, 2년을 꾸준히 글을 쓴다면 글쓰기 근육은 단단하게 만들어질 것이다. 그렇게 길러진 글쓰기 근육으로 인해 글솜씨는 일취월장하지 않겠는가! 글쓰기 근육은 글쓰기 인생을 살아가고자 하는 사람의 든든한 자산이다.

3

글쓰는 감각을 만들면 글 보따리가 터진다

감각적으로 쓰라

글쓰기, 또는 작가가 된다는 것이 정확히 의미하는 바가 무엇일까? 나는 어떤 작가가 되고 싶은 걸까? 이런 물음에 대해 깊이 생각해볼 여유도 없이 글쓰기에 빠져들었다. 매일 글을 쓰며 새롭게 알게 된 것이 하나 있다. 바로 글쓰기가 꽤 고된 일이라는 것이다. 그 고된 일을 왜 하려고 하느냐고 묻는다면 그냥, 글쓰기가 좋다. 그래서 쓴다고 대답할 것이다. 글쓰기가 고되게 느껴지는 까닭은 글쓰기가 말처럼 쉽지 않기 때문이다. 글을 쓰려면 서론·본론·결론, 게다가 지식·생각·경험도 있어야 하니 글이라고 하면 몸에 두드러기가 돋는다고 하는 사람이 있을법하다. 그런데 이 생각을 깨야 글쓰기가 머리 아프고 힘든 일이 아니란 걸 깨달을 수 있다.

아이들은 문법을 익히면서 말을 배우지 않는다. 엄마·아빠의 말을 듣고 입 모양을 보고 그 말의 어감이나 느낌을 파악하고 따라 하면서 감각적으로 말을 익힌다. 글쓰기 훈련도 아이들이 말을 배우는 과정을 염두에 두면 큰 도움을 받을 것이다. 코로나19의 여파로 온라인 글쓰기 강좌가 꽤 성행했었다. 나도 한때 이 강좌 저 강좌 꽤 많이 기웃거려보았다. 그런데 아무리 명강사가 글쓰기 비법을 강의해도 그것들은 지식에 불과하다. 지식만 축적하고 정작 글은 쓰지 않는다면 절대로 자기의 글을 쓸 수 없다. 글쓰기는 엉덩이를 붙이고 앉아서 손을 움직이고 몸으로 느끼며 그 느낌을 밀고 나가면서 쓰는 것이다. 그때에야 비로소 아이들이 한순간에 말이 터지는 것처럼 막혔던 글 보따리가 터진다.

글쓰기 감각을 살려라

글을 쓰기 전에 먼저 글쓰기 감각을 살려야 한다. 글을 쓸 때는 손으로 쓰는 촉각, 책을 보고 읽는 시각과 청각 그리고 마음으로 느끼는 내적 감각이 동원된다. 각각의 감각에서 얻는 정보를 조합하여 종합적으로 완성되는 것이 글쓰기다.

손의 감각

글쓰기 감각을 살리는 방법 중에 필사가 있다. 필사는 책 한 권을 통째로 베끼기도 하고, 필요한 문장이나 일부 문장만을 옮겨 적기도 한다. 나는 필사를 하다가 작가가 되었다는 한 저자의 경험에 감화받아서 꽤 많은 양의 필사를 했다. 자기계발서, 글쓰기에 관한 책, 칼럼 등 다양한 분야의 책들을 필사하였고, 그 내용을 블로그에 공유하기도 했다. 처음에는 손 글씨로 쓰다가 책을 쓰기 시작하면서부터는 키보드를 이용해서 매일 A4용지 2매 분량을 필사했다. 이 분량을 필사한 이유는 다음과 같다. 우리에게 가장 익숙한 판형인 신국판 250페이지를 기준으로 A4용지 100매 정도면 책 한 권의 원고 분량으로 충분하다. 이 경우 소제목을 50개로 정한다면, 한 제목에 A4용지 2매 분량이 된다. 그래서 매일 A4용지 2매 분량을 써낼 수 있는 리듬을 익히기 위해 꾸준히 필사했다. 이 때문인지 각 꼭지의 내용을 A4용지 2매 분량만큼 쓰기가 그다지 어렵지는 않았다.

김시현의 『필사 쓰는 대로 인생이 된다』에서는 "무엇이 되고 싶다면 동경하는 그 무언가를 베껴라. 베끼다 보면 단지 무언가를 흉내 내는 데 그치지 않고, 자신만의 창조물을 만드는 방법에 대해서 깨닫게 될 것이다."라고 쓰여 있다. 피카소는 잘 훔치는 예술가였다고 한다. 그는 이렇게 말했다. "좋은 예술가는 모방하고, 훌륭한 예술가는 훔친다!" 과연 이것이 무슨 뜻일까? 어디선가 본 것을 티 안 나게, 자기의 것으로 짜 맞추면 어디서도 본적 없는 독창성이 창조된다는 게 아닐까. 어떤 것을 모방하다 보면 자신 안에 들어있는 무언가를 끄집어내는 기폭제가 되는 것은 틀림없다.

글을 써본 적이 없는 사람에게 필사를 권하는 까닭은 또 있다. 베껴 쓰다 보면 글을 어떻게 쓰는지에 대한 감각을 자연스럽게 체득한다. 아이들이 감각적으로 말을 배우는 것처럼 말이다. 필사를 하게 되면 글을 손으로 쓰는 리듬을 익힐 수 있을 뿐만 아니라 글을 쓸 수 있는 신체감각을 깨울 수 있다. 꾸준히 지속한다면 분명히 자신만의 글을 쓸 수 있는 역량을 쌓을 수 있다.

보고 읽는 감각

책 읽기는 책 속에 녹아 있는 다양한 사유를 체험하면서 나의 사유를 어제와 다른 곳으로 이끌고 간다. 책을 읽으면서 무의식을 끌어내어 자신과 대화하는 시간을 갖는다. 책 속에서 본 한 구절이 미지의 상상력을 계발시키기도 한다. 그런데 이런 책 읽기가 그다지 쉽지 않다. 2021년 우리나라 국민의 독서량이 또 감소해 성인 중 1년에 책을 한 권도 읽지 않는 사람이 절반이 넘는다는 조사 결과가 나왔다. 그런데 글쓰기의 시작은 책 읽기다. 장석주는 『나를 살리는 글쓰기』에서 작가가 되기 전에 책의 수련 시대를 거치지 않고 작가가 된다는 것은 불가능하다고 했다. 글을 쓰려면 반드시 책 읽기 감각부터 살려야 한다.

책 읽기 감각을 살리는 방법은 일정 기간 책 읽기에 집중과 몰입을 하는 수련 기간을 거치는 것이다. 물론 성장기에 책 읽기가 습관이 되었다면 다행이지만 그렇지 못한 경우에는 글쓰기 전에 책 읽기 감각부터 살리는 것이 급선무이다. 『책 쓰기의 혁명』의 저자 김병완은 삼성전자에서

10년 이상 연구원으로 직장생활을 하던 중, 갑자기 길을 잃고 헤매는 자신을 발견한다. 과감하게 인생의 길을 찾기 위해 회사를 그만두고, 3년 동안 도서관에서 목숨을 걸고 책을 읽었다고 한다. 그렇게 3년 동안 읽은 책이 무려 9,000권을 넘었다고 한다. 그의 방대한 책 읽기는 다수의 책을 저술하는 기초가 되었다. 『대통령의 글쓰기』의 저자 강원국은 글을 쓰기 전에 써야 할 글과 주제가 비슷한 칼럼을 최소 스무 편, 많이는 100편을 읽은 적도 있다고 해서 놀라지 않을 수 없었다.

중국 최고의 시성이라 불렸던 두보(杜甫)는 만 권의 책을 읽으면 글을 쓰는 것도 신의 경지에 이른다고 말했다. 글을 계속 쓰려면 책을 읽고 또 읽으면서 언어 감각을 달구고 두드려서 날카롭게 해야 한다. 자기만의 언어가 존재하지 않는다면 생각한 바를 표현할 수 없다. 생각한 바를 표현할 수 없으면 나의 글은 세상에 태어날 수 없다.

내적 감각

책을 읽다 보면 얼토당토않고 앞뒤도 맞지 않은 언어로 생산된 책들이 간혹 있다. 반면에 문법과 형식에 맞추어 일목요연하게 써졌으나 울림을 주지 못하는 책도 있다. 책의 최종 목적은 독자의 마음에 가닿는 것이다. 그러므로 아무리 언어를 다루는 기술이 감탄할 만하더라도 독자에게 느낌을 주지 못하는 글은 좋은 글이라고 할 수 없다.

누에가 나방이 되어 고치를 뚫고 나오듯이 독자의 마음을 흡수하는 글쓰기로의 부화는 내적 감각이 언어로 옮겨졌을 때이다. 내적 감각으로 써진 글은 가슴속을 꽉 메우고 있던 내 이야기가 입에서 터져 나오는 대로 옮겨 적었을 때이다. 나 아니면 누구도 쓸 수 없는 이야기가 그냥 나오는 대로 써질 때이다. 이럴 때는 문법도 문체도 형식도 장르도 필요 없는 순간이다. 이런 순간이 올 때 마음에서 일어나는 모든 생각에 집중하고 존중해야 한다. 내적 감각으로 쓴 글에는 나의 숨결, 호흡이 담기고 있음을 믿어야 한다.

글 보따리를 터뜨려라

꽃꽂이를 하는 사람들은 꽃 한 송이 한 송이가 얼굴을 갖고 있다고 한다. 그리고 그 얼굴을 찾아 꽃을 꽂는다. 마찬가지로 글에도 얼굴이 있다. 내 글의 얼굴은 관심을 두고 찾으려고 하는 사람만 찾을 수 있다. 얼굴을 찾는다는 것은 글에 생명력을 찾는 것이다.

글이 써지지 않는다고 미리부터 실망하지 말자. 자신의 글에 만족을 느끼지 못해 안달하지도 말자. 그보다 손의 감각, 책 읽기의 감각, 글의 얼굴과 내적 감각을 연결하는 다리를 놓으려고 부단히 애써보자. 글쓰기 감각을 살리면 막혔던 글 보따리가 언젠가는 터진다. 쓸 이야기는 자기 몸 안에 가득가득 차 있기 때문이다.

4

글쓰기의 최고 무기인 글 쓰는 습관을 길러라

그냥 쓰고 싶다

평균수명이 급속도로 늘어나 이제 우리는 100세 시대를 살아가고 있다. 거리에 젊은이들보다 노인이 더 많은 세상이 올 날이 머지않았다. 길어진 노년의 세월, 제대로 된 역할을 하면서 살아남기 위해서는 남과 다른 능력이 꼭 필요하다. 나는 그 능력을 책 쓰기에서 찾기로 했다. 누군가와 사랑에 빠진 사람에게 '그 사람이 왜 좋아요?'라고 물으면 '그냥요!'라고 대답한다. 그 답은 너무도 애매모호하지만 가장 진실한 답이기도 하다. 누구를 사랑하는 데 무슨 이유가 있겠는가 말이다. 내가 책 쓰기에 빠지게 된 이유도 그냥, 책 쓰기가 좋아서다.

10년 넘게 수도원에서 살다가 세상으로 돌아온 후에 경제적 낙오자가 되는 것을 단호하게 거부했다. 그렇게 절박한 심정으로 뛰어든 노동자의 세계는 이전에 살던 세계와 너무도 달랐다. 치열할 정도로 거칠고 고되었다. 수도자의 삶과 노동자의 삶의 간극이 너무 커서 나는 책을 읽어야만 했다. 좀 더 다양하고 세련된 삶을 책 속에서라도 호흡하고 싶어 읽고 또 읽다 보니 책 쓰기를 열망하게 되었다. 그냥 자연스럽게 갖게 된 책 쓰기 열망이었지만 나는 이것을 능력으로 키워 100세 시대를 살아갈 무기로 삼기로 했다. 내게 그 능력이 있는지에 대한 심각한 갈등의 시간이 있었지만, 다행히 잘 극복하고 이렇게 책을 쓰고 있다.

1인 1책 시대의 비밀을 여는 열쇠

누구나 책을 쓸 수 있는 1인 1책 시대에 살고 있지만 책 한 권을 뚝딱 만들 수는 없는 일이다. 하지만 꾸준히 준비하고 노력하면 누구나 책 한 권을 쓸 수 있다. 책 쓰기 열망이 책 한 권으로 열매를 맺기까지는 무엇보다도 글쓰기 습관을 갈고닦아야 한다. 아무리 뜨거운 열정을 가지고 있다고 할지라도 습관이라는 에너지를 끌어당기지 않으면 금방 사그라져버리고 만다. 그래서 누구나 책을 낼 수 있는 세상이지만 모든 사람이 1인 1책 시대의 혜택을 누리고 살고 있지는 않다. 글쓰기 습관을 견고히 하기 위해 많은 방법이 있겠지만 여기서는 단 2가지 습관을 집중적으로 제시하고자 한다.

첫째, 꾸준히 매일 쓰기

무라카미 하루키는 『직업으로서의 소설가』에서 일정한 시간 동안 일정한 분량을 매일 쓴다고 밝힌다. 마치 출퇴근하는 직장인처럼 말이다. 모니카 레오넬은 『8분 글쓰기 습관』에서 "8분 글쓰기 습관을 들이기만 한다면, 저자가 그랬듯이 지금보다 더 많이, 더 잘 쓰게 되는 효과를 얻을 것이다."라고 말하고 있다. 버지니아 울프는 날마다 열 시간 이상 책을 읽고 쓰는 규칙적인 삶을 실천했다. 잠재의식의 아버지라고 불리는 조셉 머피는 아무런 방해를 받지 않으며 하루에 4~6시간씩 사무실에 틀어박혀 글을 썼고, 그날 쓸 글을 마무리했다 싶으면 "오늘은 충분히 썼다."라고 말하며 사무실 밖으로 나왔다. 매일 그랬다고 한다.

작가마다 글 쓰는 시간의 많고 적음의 차이는 있지만 매일 꾸준히 쓰는 것이 글쓰기의 비법임을 알 수 있다. 나는 매일 아침 7시에 지역 도서관에 출근 도장을 찍는다. 글을 쓰기 위해서다. 24번 좌석을 사수하면서 3~4시간 동안 꾸준히 글을 썼다. 매일 해냈다는 자신감을 충전하면서 조금씩 더 잘 쓰게 되는 효과를 얻을 수 있었다.

꾸준히 매일 글을 쓰는 것이 비법임을 안다. 그런데 어떻게 그 습관을 내 일상에 정착시킬 것인가? 그것이 관건이었다. 나에게는 아주 유리한 혜택이 있었다. 그것은 집 근처에 지역 도서관이 있었고, 도서관 이용 시간이 아침 7시부터 저녁 11시까지이다. 이 사실을 알고 환호성을 질렀다. 그 이후부터 무료로 주어진 혜택을 마음껏 누렸다.

매일 꾸준히 글 쓰는 습관을 갖기 위해서는 나에게 맞는 나만의 전략이 꼭 필요하다. 내 경험에 의하면 아주 좋은 감정들과 접목한 것이 효과적이었다. 자꾸 보고 싶은 사람을 만나러 가는 것처럼 이곳 도서관 24번 자리를 자꾸만 오고 싶은 장소로 가꾸어갔다. 나만의 꿈의 아지트, 예술의 신(神) 뮤즈를 만나는 곳, 천재 작가들의 1:1 지도를 받는 곳, 하늘과 맞닿은 야곱의 사다리가 있는 땅으로 말이다. 아침마다 책 쓰기를 위해 마주한 하얀색 바탕의 모니터는 어색하고 두려운 대상이 아니라 창조의 기운을 날라주는 통로로 마인드 셋을 했다. 그 시간을 버티면 하얀색 바탕 위에 검은색 글자들이 꽉 채워지는 놀라운 순간들을 경험하면서 작가의 능력을 조금씩 키워갔다.

둘째, 메모 쓰기로 글쓰기

처음 글을 쓰려 할 때 가장 흔히 맞닥뜨리는 장벽은 무엇을 써야 할지 모르겠다, 쓸 말이 없는 것이다. 이런 현상은 재능 여부와 상관없이 처음에 누구에게나 찾아오기 마련이다. 많은 사람이 글쓰기 습관을 미처 기르기도 전에 멈추거나 포기하는 이유가 여기에 있다. 그래서 우선 글을 잘 쓰고 싶은 마음을 내려놓고 일상을 메모로 기록하는 습관부터 길러보자. 메모로 글감을 차곡차곡 쌓아놓는 것이다. 나는 스마트폰 메모 앱에 글감을 엮어갈 단초가 될 수 있는 단어들을 적는 습관을 만들었다. 2022년 8월 20일에 쓴 메모다. '블로그, 노래방, 담배꽁초, 가기 싫다, 더럽다. 화가 난다.' 이 메모를 첫 문장으로 해서 썼던 글을 소개하고자 한다.

나의 든든한 친구 블로그에게

평소에는 아침 설거지를 하고 서둘러 노래방 청소를 하러 갔었는데 오늘은 괜스레 늦장을 부렸다. 가기 싫다는 말을 쉽게 내뱉지는 못하고 망설이고 있었는데, 그냥 말해버리자 하고 결정하니 꾹 담아두었던 말들이 쏟아져 나왔다. '아, 정말 가기 싫다. 술잔과 담배꽁초들이 널브러져 있을 노래방이 정말 더러워서 가기 싫다. 어제가 토요일이었으니 먹지도 못하는 술을 먹은 손님들이 어쩌면 화장실에 구토해놓았을지도 모른다.' 노래방의 상황은 예측했던 것과 별반 다르지 않았다. 근무 시간이 네 시간인데 다섯 시간 동안의 힘겨운 사투를 벌이고 나서야 노래방 1, 2호점의 45개의 방과 커다란 2개의 홀이 깨끗해졌다. 정말 힘든 노동 현장이었다.

돌아오는 길의 운전석에 앉아 '이대로 계속해야 하는 걸까? 아니 나는 계속할 수 있을까?' 멍한 채로 나에게 물었다. 차량용 스마트폰 거치대에 얹혀있던 핸드폰을 열고 알바몬을 뒤적여보았다. 많은 구인 광고 중의 한 곳이 눈에 띄었다. '어! 여기 괜찮겠는데.' 혼잣말을 중얼거린다. 헬스장에서 올린 청소 아르바이트 구인 광고였다. 그리고 곧바로 전화했는데, '네, 아직 구인 중입니다.'라는 대답이 핸드폰 너머로 들려왔다. 너무도 반가웠다. 생각해보니 이곳이 유난히 힘든 것은 강도 높은 노동 때문만은 아니었다. 그곳을 다녀간 사람들이 남기고 간 자리가 너무도 아름답지 못했기 때문이다. 담배꽁초를 재떨이가 아니라 아무 데나 던져 버리기 일쑤이고, 술잔을 바닥에 내동댕이쳐서 박살을 내고, 화장실의 휴지를 휴지통이 아닌 바닥에 던져 버리는 몰개념, 몰상식함이 극에 달하는 그곳의 검은 기운에 서서히 지쳐가고 있었다. 이제 이런저런 시끄러운 생각들을 하는 게 싫어서 노래방 청소일은 그만해야겠다. 물론 새로운 곳에서 또 다른 형태의 노동의 고됨과 마음의 부대낌을 겪게 될지 모르지만 적어도 지금 이 힘든 상황은 모면할 수 있으니 그것으로 충분하다.

글쓰기의 최고 무기

사실 청소하는 일을 글로 써서 블로그에 올리는 것은 꽤 용기가 필요했다. 청소는 정말 삶의 끝자락에서 선택하는 직업으로 여기는 일이지 않은가. 그래도 나는 글을 잘 쓰는 사람이 되고 싶고, 그 일이 가장 큰 비중을 차지하는 나의 일상이라서 자주 글감으로 삼아 블로그에 공개했다. 때로는 너무도 못 쓴 글 같고, 지나치게 개인적인 글 같아서 발행하기를 주저하기도 했지만 늘 용기를 냈다. 글을 공개해야 내 글이 제대로 읽히고 있는지 내 생각이 잘 담겼는지 알 수 있기 때문이었다. 그러기 위해서 아무리 부족한 글일지라도 내가 먼저 내 글을 많이 사랑하려고 노력했다.

글쓰기의 힘은 무한하다. 내가 한 것이라곤 하얀 백지 위에 까만 글을 채운 것밖에는 없는데, 글을 쓰기 전과 글쓰기를 하고 난 후에 마음의 변화가 참 크다. 이리저리 갈피를 잡지 못하던 마음이 한 방향으로 모아져 자신감이 든든하게 자리 잡는다. 꿈 없이도 별 문제 없이 잘 살았던 삶에 간절한 꿈이 생기면서 일상이 빛나기 시작한다. 나는 글쓰기 초보인데도 불구하고 이런 황홀한 경험을 하고 있으니, 이 놀라운 경험은 글을 쓰기만 하면 누구에게나 파도처럼 밀려오는 것인가 보다. 글쓰기 습관이 잘 자리 잡기만 하면 글을 쓰는 시간을 사랑하게 되고, 글 쓰는 행위 자체도 즐길 수 있게 되니, 글쓰기 습관은 글쓰기의 최고 무기 중의 하나임이 틀림없다.

<u>5</u>

멘토링은 메시지를 갈고닦는 소통의 도구다

멘토를 찾아라

세상에는 좋은 책이 너무 많다. 그 많고 많은 책 중에 내 이름 석 자가 박힌 책 한 권이 더 나온다고 뭐가 달라지겠느냐마는 책 쓰기로 창조된 청춘을 살고 싶어 책을 꼭 쓰고 싶었다. 나에게 책을 쓰는 것은 새로운 도전이었다. 그동안 나의 생활에 없었던 그 큰일을 꿈꾸기가 쉬울 리가 없었다. 정말 힘들었다. 그래서 한동안 어느 사람에게도 말하지 못하고 가슴앓이를 했다. 가슴앓이로만 끝내고 싶지 않아서 책 쓰기에 대한 정보를 수집하기 시작했다. 그 과정에서 멘토의 중요성을 알게 되었다. 멘토의 역할을 책이 대신할 수도 있고, 책 출간 경험이 있는 작가의 코칭을 받을 수도 있다. 나는 코칭 비용이 들긴 하지만 좀 더 확실한 길로 느껴지는 후자 쪽을 선택했다. 책을 쓰겠다는 열망과 목적이 너무도 분명했기에 언젠가는 반드시 내 책을 출간했을 것이다. 그러나 책 쓰기 코칭을 받지 않았다면 이렇게 단기간에 책을 출간하지 못했음이 분명하다.

내 생애 첫 책 쓰기일 때는 더더욱 멘토에게 직접 조언을 들으며 진행하는 것이 좋다. 먼저 책 출간 과정을 경험한 사람의 지식과 노하우를 배우는 것은 새로운 것을 시작하는 데 대한 저항감을 줄일 수 있다. 그뿐만 아니라 더 수월하게 새로운 분야에 진입할 수 있도록 도움을 받을 수 있다. 새로운 것을 시작하는데 처음부터 고충이 너무 크다면 목표에 도달하기도 전에 포기할 수 있다. 혼자서도 잘 할 수 있는 사람이 있겠지만 멘토를 통해서 도움을 받는다면 책 출간까지 걸리는 시간을 많이 줄일 수 있다. 경험이 전혀 없는 분야에서 혼자 해내느라 고군분투하는 시간을 아껴 1호, 2호, 3호 책을 준비하는 데 투자하는 것이 유한한 인생을 사는 지혜가 아닐까 한다. 그러나 책 쓰기 코칭을 받는다고 해서 멘토에게 전적으로 의지해도 된다는 것은 절대로 아니다. 멘토 역시 수강자가 자신에게 지나치게 의존하는 것을 경계해야 한다.

몰입해서 써라

책 쓰기의 전체 과정에 대한 준비가 끝났으면 이제 글을 써야 한다. 물론 책 쓰기 코칭을 받으면서 어느 정도 글쓰기에 도움을 받을 수는 있다. 그러나 글은 타인에게 의존하여 나오는 것이 아니다. 글은 혼자서 묵묵히 써 내려가는 것이다. 마라톤 선수가 한 모금의 물로 갈증을 해소할 수는 있어도 결국엔 혼자서 외롭고 고독한 자기와의 싸움을 감내해야 하듯이 말이다. 설령 다른 사람의 도움을 전적으로 받아서 글을 쓰고 책을 출간했다면 그것을 온전히 내 책이라고 말할 수는 없다.

　글쓰기를 바탕으로 책을 쓸 때는 집중과 몰입의 시간이 있어야 한다. 신기하게도 원고 작업이 잘 되는 장소가 있는데 내 경우에는 지역 도서관의 24번 자리였다. 책을 쓰는 7개월 동안 휴관일인 금요일을 제외하고 직장인처럼 매일 도서관에 출근 도장을 찍으면서 책을 썼다. 책을 써보니 리듬을 타는 것이 정말 중요했다. 원고 작업을 하기 위한 특정한 장소와 시간 그리고 일정한 분량을 정하고 초고가 완성될 때까지 끈기를 가지고 써 내려갔다. 책 쓰기는 인생의 반전을 준비하는 사람에게 강력한 무기가 된다는데 왜 못하겠는가! 그렇게 집중력을 발휘했다.

멘토링은 소통의 창구다

　책을 처음 쓰는 초보가 책을 쓰면 얼마나 잘 쓰겠는가. 끙끙대면서 책을 쓰는 것은 당연하다. 수월하게 못 쓰는 것에 답답해하거나 실망하기보다 내가 쓴 글을 정기적으로 함께 읽어볼 수 있는 소통창구를 마련해보자. 책은 독자와 소통하며 감동을 주는 것이 최종 목표이다. 책 쓰기 코칭을 받게 되면 첫 번째 독자가 생긴다. 내가 쓴 글을 멘토와 함께 읽으면서 무엇을, 어떻게 담고 있는지, 정한 메시지를 잘 쓰고 있는지에 대한 구체적인 소통이 이루어진다. 그런 의미에서 멘토링은 독자에게 보내는 메시지를 갈고닦는 소통의 도구라고 할 수 있다.

누구나 책을 쓸 수 있는 시대이고 책 쓰기는 인생을 바꾸는 강력한 힘이 될 수 있다는 것을 아무도 부인하지 않을 것이다. 실제로 책 쓰기를 통해 사회적, 경제적으로 놀라운 성공을 거머쥔 사례들이 많다. 이에 따라 책 쓰기 수업에 적지 않은 사람들이 몰려들고 있다. 60세 이후 3~40년을 더 사는 100세 시대에 책 쓰기가 은퇴 없는 제2의 직업을 보장해준다는 비전에 노년의 가슴이 들뜨기도 한다. 그러나 이러한 성공사례의 이면에 있는 거품뿐만이 아니라, 책 쓰기 멘토들에 대한 거품도 있음을 간과해서는 안 된다. 그리고 책 출간 이후의 행보에 대한 과한 장밋빛 비전들에 섣부른 기대감을 품어 혼란을 겪지 않았으면 좋겠다.

나를 위한 위대한 일

책 쓰기는 단지 돈을 벌고 성공하기 위해 몰두하는 도구가 아니다. 그보다는 삶의 진정한 의미를 탐색하는 활동이다. 스스로 생각해도 무의미한 노년의 일상들, 늙었다는 이유만으로 아무것도 시작하지 못하는 안일함을 벗어던질 수 있는 강력한 무기가 바로 책 쓰기이다. 그러나 아무리 큰 비전을 보았다고 하더라도 사람은 몸에 익숙하지 않거나 습관화되어 있지 않으면 꾸준히 해내기가 쉽지 않다. 특히 나이가 들면 더욱 힘들다.

글이 안 써질 때가 있었다. '나는 나이 든 사람이니까 안 돼!' 하며 늙었다는 말 뒤에 숨어 책 쓰기를 포기하려고 했다. 그때 멘토가 다시 꿈을 바라볼 수 있도록 이끌어주었다. 멘토가 없었다면 어쩌면 노인정이나 드나드는 노인으로 늙어갔을지도 모른다. 멘토는 앞에서 끌고 뒤에서 밀어주며 쉽게 체념하거나 포기하지 않고 도전을 이어갈 수 있게 해주는 고마운 존재이다.

이제 '나이 든 사람이 뭘 할 수 있겠어!'라고 말하지 않는다. 나이 들어도 젊었을 때만큼이나 이루고 싶은 일들이 많다. 나이가 들면 나 홀로 견뎌야 하는 시간이 힘들다고 한다. 그러나 나는 책 쓰기를 하면서 나 홀로 즐기는 시간 때문에 즐겁고 행복하다. 이러한 마음의 청춘을 얻게 된 것은 책 쓰기를 하면서 의식을 집중해 살고 있기 때문이다. 내면의 나와 끝없이 맞닿는 책 쓰기는 노후에 한 번쯤 꼭 빠져볼 만한 나를 위한 위대한 일이다.

chapter 5

내 인생을 되짚으며 시작하자

마르크스 아우렐리우스의 『명상록』에서 나오는 다음 말이 내 영혼과의 만남을 재촉한다. "자기 영혼의 움직임을 조심스럽게 지켜보지 않는 사람은 반드시 불행에 빠지게 된다." 고대 신비주의자도 같은 맥락에서 다음과 같이 말했다. "자기 자신을 찾는 자는 고통을 겪지 않으리니." 이런 의미에서 자기 자신을 찾아가는 과정인 자서전 쓰기의 가치는 참으로 크다 할 수 있다.

1

당신의 인생 스토리를 찾아라

영혼과의 만남을 재촉하라

사람은 누구나 저마다 다른 색깔의 인생 스토리와 함께 자기만의 유일한 콘텐츠를 가지고 있다. 그 스토리가 책의 소재가 되고, 자신만의 콘텐츠가 책의 주제가 될 수 있다. 그러나 이 소중한 인생 스토리를 글다운 글로 풀어낼 수 있는 사람은 그다지 많지 않다. 글쓰기가 익숙하지 못한 이유도 있지만, 그보다는 내가 나를 누구보다 잘 알고 있을 것 같지만, 사실은 그렇지 않기 때문이다. 매 순간을 깊이 의식하고 느끼면서 사는 게 결코 쉬운 일이 아니다. 흔히들 세상을 살아 온 궤적을 뭉뚱그려 마음에 묻어둔 채 경제적·육체적으로만 문제가 없으면 노후를 잘 보낼 수 있으리라고 생각한다. 그런데 마음은 자꾸 내가 누구인지 궁금해한다. 안일한 낙관에 빠진 나를 사정없이 흔들어댄다.

나를 알려는 고민이 깊어지면서 '내가 살아온 얘기를 하면 책으로 몇 권이야!'라는 말로 구조 요청을 보낸다. 그 고민은 생각을 일으키는 씨앗이 되어 내 삶을 돌아보게 한다.

나만 쓸 수 있는 나의 이야기

대부분 사람이 입 밖으로 내지 않을 뿐, 본인 머릿속에 책 한 권 이상의 스토리를 품고 있다. 기억은 막연하고 뒤죽박죽이지만 말이다. A4용지 100매(글자 크기 10포인트 기준) 정도면 책 한 권의 원고 분량으로 충분하다. 일단 긴 글을 써보지 않았을 때 부담될 수 있는 분량이긴 하지만, 자기 삶이라는 소재를 가지고 써 내려가는 자서전은 그다지 어렵지 않게 채울 수 있는 분량이다. 자식으로, 부모로, 남편과 아내로 살았고, 사회적경제 활동을 하면서 60년 이상을 살아왔으니, 어쩌면 100매 원고 분량은 너무도 적은 양일지도 모른다.

린다 스펜스의 『내 인생의 자서전 쓰는 법』에는 자서전 쓰기에 도전하는 이에게 던져주는 의미심장한 내용이 있다. "꼭 기억하세요. 이 이야기는 당신만이 쓸 수 있는 세상의 유일한 것입니다. 당신만의 언어가 진실한 이야기를 만듭니다." 나를 위해 나만 쓸 수 있는 자서전 쓰기는 자기 가슴 속에 오랜 세월 동안 품고 있던 이야기들을 자기 언어로 쏟아내는 작업이다.

자서전을 쓰다 보면 고향마을의 풍경을 묘사하다가 어머니의 다듬이질 방망이 소리가 토닥토닥 들려 어머니를 향한 그리움에 사무치는 이도 있고, 어릴 때 허약하고 편도가 아파 힘들어하는 손자를 위해 복어탕을 맛있게 끓여주던 할머니의 사랑이 떠올라 목이 메는 이도 있다. 선천성 심장판막증을 앓던 오빠의 갑작스러운 죽음으로 인해 심각한 우울증을 겪으며 힘겹게 사춘기를 보내야 했던 한 소녀의 이야기도 만날 수 있다. 이렇게 자기 과거의 이야기들을 잘 찾아내어 자연스럽게 활용하면서 쓰는 것이 자서전이다.

나를 찾아가는 여정

이야기에는 생명력이 있다. 그러나 다른 사람의 이야기보다는 나의 이야기가 더 생생한 감동을 줄 수 있으므로 솔직하게 표현하면 할수록 좋은 글이 된다. 지금에 와서 바꿀 수 없는 것, 생각해봤자 소용없는 것들을 글로 쓰면서 때론 후회와 절망을 느끼기도 하지만 신기하게도 자신의 인생을 더 깊이 이해할 수 있게 된다.

자서전 쓰기는 일필휘지로 써 내려가는 것이 아니다. 기억을 되살리면서 한 문장씩, 한 문단씩, 한 장씩 블록 쌓듯이 써 내려가는 것이 자서전이다. 글로 적으면서 내면에 잠자고 있던 잠재의식과 무의식의 문이 열린다. 내가 누구인지, 그동안 어떻게 살았는지, 감사할 일은 무엇인지, 앞으로 어떻게 살아가고 싶은지를 자신과 대화하면서 자신의 근원을 글 속에서 찾아가는 여정이 자서전 쓰기다. 그렇다고 해서 자서전 쓰기를 너무 거창하게 생각하지는 말자. 그냥 자신의 이야기를 있었던 그대로 기억해 내면서 쓰는 것이라고 받아들일 때 부담감을 내려놓을 수 있다.

상처가 치유되는 나의 이야기

자서전 쓰기는 자신의 역사를 쓰는 것이기에 자기 삶을 통틀어 경험했던 진솔한 이야기들이 담겨 있어야만 역사다운 글이 된다. 자서전은 나이 든 사람들만 쓰는 것일까? 그렇지는 않다. 30, 40대에도 충분히 자서전을 쓸 수 있다. 그런데 노인이 되어 쓰는 자서전은 그 어느 시기에 쓰는 것보다도 더 의미가 깊다. 지나온 인생을 되풀이하여 음미하거나 생각하는 과정이 자서전이기 때문이다.

자서전의 바탕은 기억이다. 인간의 기억은 연상 기억 방식으로 저장되기 때문에 조그마한 실마리만 제공해도 바로 되살아나는 법이다. 기억해낸 그 이야기에 의미와 가치를 부여함으로써 삶의 방향을 설정하고, 자신의 고유한 정체성을 유지해 나갈 수 있다. 기억을 통해 과거의 삶이 이야기로 써지면 응어리졌던 자신의 과거와 화해가 이루어진다.

『약속의 땅』은 버락 오바마의 자서전이다. 이 책에는 흑인인 아버지와 백인인 어머니 사이에서 태어나 태생적으로 혼혈이라는 콤플렉스를 갖고 살아야 했던 오바마의 아픔이 진하게 묘사되어 있다. 흑백 갈등에 대한 깊은 고민에 빠져 있던 그는 자신의 진정한 정체성을 찾기 위해 아버지의 고향인 케냐로 떠난다. 케냐에서 흑인들과 생활하면서 진정한 고향에 온 기분을 느끼며 마음의 치유가 일어난다.

상처를 가슴에 안고 케냐의 땅으로 떠났던 오바마처럼 나도 상처로 얼룩진 마음의 땅을 찾아가 보았다.

14살 소녀를 만난 나

그냥 다 지나간 일이라고 생각하며 살았다. 그런데 글쓰기 교실에서 준 '생각지도 못했던 죽음과 이별'이라는 주제를 받아 들고 다 지나간 일이 아니라는 것을 알게 되었다. 그 오래된 기억을 소환하는 마음 한구석이 이리도 아려오는 것을 보니 그때의 14세 소녀는 여전히 아파하고 있었다. 소녀의 오빠는 선천성 심장판막증이었다. 오빠는 어릴 적에 심장판막증 대수술을 받았다. 수술은 성공적이었지만 의사 선생님은 성인이 되면 재수술을 받아야 한다고 했다. 32세 때 재수술받던 오빠는 수술 후에 회복하지 못하고 서둘러 이 세상을 떠나버렸다.

소녀의 오빠가 하늘나라로 가던 전날 밤이었다. 엄마도 아버지도 그리고 언니도 병원에서 오빠의 곁을 지키느라 집에 돌아오지 않았다. "오늘, 엄마 집에 못 가니까 문단속 잘하고 자라." 전화 너머에서 들려오는 엄마 목소리에 깃든 슬픔이 너무 커서 소녀는 공포를 느꼈다. 그날 밤 소녀는 오빠가 죽지 않게 해달라고 기도하기 시작했다. 마치 자기의 기도가 오빠의 생사에 결정권이라도 있는 듯 소녀는 믿고 있는 것 같았다. 그런데 이게 웬일인가? 기도를 할 수 없을 정도로 졸음이 쏟아지는 것이었다. 여러 가지 모습으로 나타났던 공포와 싸우면서 혼자 버티었던 그 밤이 지나고 날이 밝았다. 오빠는 소녀가 졸음과 싸우면서 기도하던 그날 밤에 가족의 곁을 영원히 떠났다. 몇 날 며칠 아니 몇 년을 두고 멈출 줄 모르는 엄마의 한 섞인 통곡, 아버지의 무기력한 침묵, 시집을 가버린 언니의 빈 자리를 너무 크게 느끼면서 소녀는 어떤 일상을 지냈을까? 소녀는 내가 만약 졸지 않고 기도했었다면 오빠가 죽지 않았을 텐데 하는 비밀스러운 죄의식을 마음에 품으면서 말도 안 되는 고통의 시간을 홀로 겪고 있었다.

그렇게 어느 날 훅 들어와버렸던 죽음과 이별은 공포와 두려움 그 자체였다. 무서워하면서 혼자 보내야 했던 칠흑처럼 까만 밤, 오빠가 죽을지도 모른다는 두려움의 밤, 오빠의 죽음이 가져다준 슬픔이 너무 커서 서로에게 마음의 문을 닫아버린 가족의 밤, 오빠의 죽음에 아무것도 하지 않았다는 자책과 죄의식의 밤. 그 밤들 안에서 소녀는 행복함, 만족감, 사랑받고 있다는 느낌보다는 두려움, 외로움, 죄책감, 열등감에 익숙해지면서 사춘기를 보냈다.

소녀는 그 밤들을 극복했을까? 아니다. 소녀는 그냥 그 밤들과 함께 살고 자랐다. 고등학생, 대학생이 되었고, 하느님을 찾아 오랜 세월 집을 떠나기도 했다. 이제 소녀는 오빠가 하늘나라로 갔던 나이보다 더 많은 나이를 먹은 어른이 되었다. 어른이 되고 보니, 흘러가는 것은 흘러가는 대로 두면 되는 것을 알게 되었다. 죽음이 찾아왔었고 아픔을 느꼈었구나. 겨울이 가고, 봄이 오는 것처럼 그렇게 지나가게 두면 되는 것이었구나. 그랬었구나. 무의식에서 찾아오는 감정이 지금도 아프거들랑 애써 웃음 지으면서 '미안하다, 사랑한다, 행복하다'와 같은 치유의 언어를 마음 깊은 곳에 보내면 된다. 입꼬리를 올리면서 더 긍정적인 차원의 에너지 파동으로 스위치를 돌려 나를 구원하면서 앞으로 나아가면 된다. 그렇게 해본다. 그렇게 해도 된다.

노년에 쓰는 자서전 쓰기

어찌 보면 우리의 인생은 사소한 사건들이 연결되어 오늘날 나의 모습이 된 것이다. 그때 그 사건이 없었다면 지금 나는 다른 모습으로 살아가고 있을 것이므로 과거의 사건 하나하나는 너무도 소중하다. 이 글을 쓰면서 나의 깊고 깊은 밑바닥에 웅크리고 있던 우울함과 슬픔의 근원지를 확인하고 온 듯한 후련함을 느꼈다. 그리고 자기 역사를 쓴다는 것의 의미에 대해서도 다시금 느낄 수 있었다.

자서전을 쓰다 보면 '나 자신의 인생은 무엇이었을까?'라는 물음에 대한 답을 찾을 수 있어 인생에 대한 깨달음과 감사함이 깊어지기도 한다. 이러한 놀라운 경험들은 직접 써보면 알게 된다. 확언컨대 노년에 자서전 쓰기는 반드시 해볼 만하다. 극단적으로 말해, 노년의 삶은 자서전 쓰기를 통해서 온전히 의미를 되찾을 수 있다고 말할 수 있을지도 모른다.

2

자서전 쓰기는 오직 나를 위해 쓴다

자서전 쓰기로 익히는 책 쓰기

'사실은 저도 제 이름으로 된 책 한 권 내는 게 꿈이에요.' 이러한 소박한 꿈을 가지고 있는 사람이 의외로 많다. 나도 60세란 나이에 그 대열에 합류했으니 말이다. 그런데 어떻게 쓸까 하는 문제도 있지만 무엇을 쓸까 하는 벽이 더 크다. 그럴 때 자서전 쓰기로 도전해보는 것은 어떨까? 책 쓰기는 자서전 쓰기로 배울 수 있다고 해도 과언이 아니다. 일단 자서전은 자기 삶이라는 소재가 분명하므로 기억의 창고에서 기억을 꺼내는 기술만 익히면 글감은 무궁무진하다. 그 글감을 찾아내어 책의 기본 틀에 맞추어 쓰면 충분히 책을 쓸 수 있다.

동기가 무엇이었든 간에 자서전 쓰기를 하면 자신의 과거를 돌아보고 새로운 날을 설계할 수 있다. 과거에 자리 잡고 있던 삶의 가치를 오늘의 삶 안에서 실현하기 위해서 가장 먼저 해야 하는 첫걸음은 자신과 대화를 시작하는 것이다. 그런데도 자신과의 대화가 이리도 서툴고 익숙하지 않으니 이는 인생의 위기가 아닐 수 없다.

얼마 전에 2022년 FIFA 카타르 월드컵이 아르헨티나의 최종 우승으로 막을 내렸다. 경기 도중에 관중들의 울고 웃는 모습이 스크린에 자주 비친다. 우리는 이렇게 세상 이야기에 울고 웃으면서 공감한다. 자서전 쓰기에 해당하는 꼭지를 쓰면서 그들의 모습이 오버랩되고 있는 것은 왜일까? 바쁜 와중에도 비행기를 타고 카타르까지 날아가 세상 이야기에 열광하는 그들의 열정만큼 나는 나의 이야기에 열광하고 있을까? 생각해 보았다.

청소 노동자인 나는 락스 제품을 많이 쓴다. 고무장갑 속에 면장갑을 반드시 끼기는 하지만 락스가 고무장갑 속으로 흘러 들어오는 상황이 자주 발생한다. 덕분에 손가락의 피부 조직이 손상되어 주부습진이 심하다. 효과가 있다는 연고들을 바르고 또 바른다. 낫고 싶어서다. 손이 이렇게 쉽게 망가지는데 60년을 살아낸 내 마음에는 얼마나 많은 상처가 나 있을까! 마음은 보이지 않는다는 이유로 가장 푸대접받는다. 마음의 존재를 느낄 수 있는 제일 좋은 도구는 역시 책이다. 책을 읽고 쓰면서 자주 나의 마음을 바라보며 대화하게 되었다. 그 시간 속에서 자꾸만 행복감이 느껴진다. 마음은 눈길을 주고 함께 호흡해주면 행복감으로 응답해주는 것 같다.

자서전의 최대의 글감은 나

자서전은 내가 나의 일생을 쓰는 것이다. 벤자민 프랭클린, 헬렌 켈러, 간디, 백범 김구, 존 스튜어트 밀, 괴테 자서전 등. 많은 유명인의 자서전이 있다. 자서전을 쓰려할 때 제일 먼저 머뭇거리게 되는 까닭은 바로 이런 유명인들의 자서전 속의 삶이 너무도 훌륭하다는 것이다. 그에 비해 나의 삶은 얼마나 부족하고 초라하단 말인가! 그런데 유명인들도 자신의 일생을 쓴 것일 뿐이다. 그리고 글은 항상 마법을 부린다는 것을 잊지 말자. 그냥 별다른 생각 없이 살아온 것 같은데 그 삶을 글로 쓰면 메시지를 담은 멋진 이야기로 탈바꿈한다.

나는 30대 중반에 로마로 유학을 떠났었다. 하느님께 몰입되어 있던 나에게 영성 신학을 배울 기회가 주어진 것이다. 20년이 훨씬 지난 지금, 그때 그 시절의 이야기를 너무도 멋진 추억과 설렘을 담아 쓰고 있는 나를 만날 수 있었다. 글쓰기가 마법을 부린 것이다. 그러니 내 이야기가 내세울 것이 없다고 미리부터 겁먹고 주춤거리지 말자. 비록 대단하지도 유명하지도 않지만, 시간을 투자해서 나의 이야기를 담대히 쓰면 된다. 그 자서전 쓰기로 인한 혜택은 오로지 나의 것이다. 동굴 속에 갇혀 있던 나의 이야기를 빛 속으로 꺼내어 메시지를 담아내는 것, 그것만 생각하고 자서전을 쓰자.

자서전은 나를 위해 쓴다

책상에 앉아 자신의 머릿속에서 과거를 기억해 내는 일이 어떻게 보면 굉장히 답답하고 막막한 작업이다. 홀로 앉아서 하얀 백지 위에 나를 채워가는 게 전부이다. 그런데 나에 대해서 나만 쓸 수 있다고 생각하면 또 기운이 난다. 아니 나를 위해서 나만 할 수 있는 일을 하기 위해 힘을 내야 한다.

책 쓰기를 할 때는 항상 독자를 염두에 두어야 하지만 자서전만큼은 독자들을 배려하기보다 자신을 위해 써야 한다. 있는 그대로의 자신을 담으면 담을수록 빛이 나는 게 자서전이다. 애써 감동을 주려 하지 않아도 된다. 자기 경험을 잘 엮어서 진솔하게 쓰면 설득력 있는 자서전이 될 수 있다. 그런데 거듭 말하지만, 나에 대해서 쓰는 일이 쉬운 일은 아니다. 아마도 몇 시간 동안 단 몇 자도 못 쓸 때가 허다할 것이다. 그럴 때면 혹시 무의식중에 잘 써야 한다, 멋지게 쓰고 싶다는 생각에 집착하고 있지는 않은지 되돌아보자. 위대한 작가들조차 자신의 글이 쓰레기와 같다고 하는데 하물며 처음 자서전을 쓰는 우리의 고충이 얼마나 크겠는가? 일단 제대로, 잘 쓰겠다는 생각을 접고 그냥 손이 움직이는 대로 가벼운 마음으로 써내려가보자.

빅터 프랭클린처럼 "사랑하는 아들아." 하며 가장 가까운 누군가에게 자신의 역사를 이야기하듯이 시작해보자. 헬렌 켈러처럼 "나는 1880년 6월

27일 앨라배마 주 북부의 소도시 터스커미아에서 태어났다."라고 탄생 이야기부터 시작해도 된다. 간디의 자서전처럼 "오타 간디는 첫 아내가 죽자 재혼했다. 첫 아내에게서 아들 넷, 둘째 아내에게서 아들 둘이 태어났다."와 같이 부모, 형제자매 이야기부터 시작할 수도 있다.

어떤 형식을 선택하든 문제가 안 되지만 자신의 이야기에 집중하는 자세는 매우 중요하다. 집중은 큰 위력을 가지고 있다. 흘려보냈던 이야기들을 집중하면서 기억해 내 글로 쓰다 보면 방치되었던 스펙들을 발견하게 된다. 그 스펙을 자신의 콘텐츠로 구축할 수 있다. 나의 이야기는 콘텐츠 안에서 엄청난 힘을 가지게 된다. 나 아니면 누가 나에게 이런 기회를 줄 수 있겠는가! 부디 자서전 쓰기를 하면서 지금껏 소홀했던 나에게 애정을 보여주자. 긴 세월 동안 애쓰며 살아온 나를 찾아가 곁에 있어주자.

갑작스러운 오빠의 죽음, 그리고 재혼해버린 새언니, 엄마도 아빠도 없이 할머니 손에서 자라게 된 조카들, 불운한 가족사의 소용돌이 속에서 사춘기를 보내던 나를 기억 저편에서 소환한다. 너무도 큰 슬픔의 수렁에 빠진 가족들에게 관심도 사랑도 받지 못하고 있는 그때의 나에게 달려가 끌어안아 준다. 수도원에 들어가겠다는 뜻을 굽히지 않아 집에서 쫓겨난 나의 모습이 떠오른다. 대충 짐을 꾸려 택시에 싣고 혼자 수도원으로 가는 나의 옆자리에 앉아서 '최고의 선택이다. 아주 잘했다!'라고 말을 건네며 어깨를 토닥토닥해준다.

자서전은 자신을 정말 아끼고 사랑하기 위한 의식의 작업이다. 자서전 쓰기로 명료해진 삶의 여정이기에 더 성장하고 더 행복해질 수 있다. 내가 더 자유로워지고 행복해지는 것, 이것이 자서전 쓰기를 하는 궁극적인 목적이다.

아름다운 기억으로 돌아온 잊혔던 이야기

30대 중반에 로마로 유학을 떠났다. 영성 신학을 배우고 내가 소속된 수도원의 뿌리를 체험하기 위해서였다. 걷는 길마다 장구한 역사의 흔적이 고스란히 남아 있는 로마는 도시 자체가 박물관이라는 말이 딱 맞는 아름다운 도시였다. 로마 도심에는 기념비적인 건축물과 놀라울 정도로 아름다운 성당들이 아주 많이 남아 있었다. 많은 세월이 흐른 뒤에도 그것들이 후대에 막대한 영향을 끼치고 있는 것 또한 감탄할 만한 일이었다. 최고의 볼거리로 꼽히는 콜로세움이 있고, 시스티나 성당에서 미켈란젤로가 그린 천지 창조를 볼 수 있는 곳, 우연히 들어간 건물조차도 멋스러웠던 로마! 그중 내가 정말 사랑했던 도시는 아시시다.

아시시는 이탈리아 중부의 작은 산이 많은 지역인 움부리아에 속한 곳으로, 스바지오산 경사면에 펼쳐져 있는 작고 아름다운 마을이다. 스바지오산의 언덕 위에서 오롯이 모여 있는 아시시를 보고 있으면 경탄을 금치 못하게 된다. 아시시의 모든 공간에는 평화가 가득했다. 남쪽 끝에는 성 프란치스코 성당이 있다. 성당 주변 골목에서 여유를 즐기는 사람들, 라벤더 색으로 장

식한 성당 골목 풍경이 한 폭의 그림과도 같았다. 수도복을 입은 수도사들이 삼삼오오 짝을 이뤄 누비는 모습도 볼 수 있었다. 그들을 보며 빈자의 성인이라 불리는 아시시의 성 프란치스코의 삶이 떠올랐다.

바티칸 성 베드로 광장에서 드리던 교황 집전 알현 미사를 어떻게 잊을 수 있을까! 수십 명의 신부가 성체 분배를 위해 사방으로 흩어지던 모습의 거룩함이란! 20년이 훨씬 지난 지금, 그때의 추억을 떠올리기만 해도 가슴을 두방망이질 치게 만드는 로마다. 로마는 내 마음속 깊이 아름다운 추억과 함께 영원히 자리 잡은 신앙의 도시이다.

누구나 자신의 인생에는 무엇보다 중요하고 소중한 기억들이 자리 잡고 있다. 마음 한쪽에 숨겨두고 굳이 꺼내보고 싶지 않은 크고 작은 응어리의 기억일 수 있고, 쌓이고 쌓인 원통함을 놀라울 정도로 치유해줄 수 있는 기억일 수도 있다. 내게 로마는 순수한 빛으로 나의 마음을 비춰주는 거룩한 기억이다. 그 기억이 지금도 나의 인생을 밝혀주고 있다. 그러므로 과거에 묻힌 아름다운 기억을 하나씩 찾아내어 글로 실체화한다고 함은 인생의 보화를 캐내어 삶에 힘을 보태는 일이다. 그 일을 해내는 자서전 쓰기는 나를 위한 최고 사랑의 기술이다.

3

실전 자서전 쓰기

나의 연대기 작성

자서전을 쓰며 인생 돌아보기

인생은 누구나 처음으로 하는 여행이다. 처음인 그 인생살이에 왜 그리도 실수와 잘못이 크단 말인가! 후회가 물밀듯이 밀려온다. 앞으로만 가던 그 인생을 잠시 멈추어 되돌아볼 수 있다면 참 운이 좋은 인생이다. 그 실수와 잘못을 있는 그대로 인정하고, 자신을 용서하며 새로운 각오를 다질 수 있다면 더더욱 운이 좋은 인생이다.

자서전 쓰기는 그야말로 인생을 중간 점검하는 글쓰기 작업이다. 말은 입을 떠나고 나면 고칠 수 없다. 그러나 글을 쓸 때는 써 놓은 다음에 여러 번 다듬고 수정하는 과정을 거칠 수 있다. 그러므로 자서전을 쓰게 되면 살아온 인생과 앞으로 살아갈 인생을 합리적으로 되돌아보고 다시 그림을 그려볼 수 있다.

나의 연대기 쓰기

　자기 인식과 이해가 깊어지는 자서전 쓰기의 첫 번째 과제는 나의 연대기를 작성하는 것이다. 연대기는 말 그대로 연대별로 나의 일생 즉 개인사(個人史)을 기록하는 것이다. 개인사를 정리한 후에 가족사(家族史)를 덧붙이면 된다. 거기다가 시대사(時代史)까지 추가하면 더 풍부해진다. 연대기의 출발선은 당연히 나의 출생부터 시작한다. 사실 출생까지는 쉽게 쓸 수 있다. 출생 이후부터 어린 시절을 기억해 내면서 써야 하는데 또렷하게 기억나는 게 그렇게 많지는 않을 것이다. 이때 자기 역사와 관련한 여러 가지 자료들을 찾아보면 된다. 옛날에 썼던 일기나 추억이 담긴 물건들, 그 외의 자료들이 책꽂이나 책상 서랍 속 등에 남아 있다면 기억 찾기는 꽤 수월하게 진행될 수 있다. 다행히 우리 베이비붐 세대들에게는 빛바랜 앨범 한두 권은 꼭 있을 것이다. 인간의 기억은 구체적인 것과 연계되어 기억 시스템 속에 저장되는 경우가 많다. 그러므로 앨범은 무엇보다도 중요한 자료이다. 옛날 사진을 한 장 꺼내 들면 그 즉시 사진을 찍을 당시의 추억과 기억이 번쩍하면서 되살아날 수 있다. 이런 자료들을 잘 사용하면 자기 역사의 기록이 더 풍성해진다.

　기억나지 않는 것을 기억하려고 애쓰기보다는 생생하게 기억나는 것들부터 작성하면 된다. 유아기뿐만 아니라 아동기, 청소년기, 성인기, 장년기, 노년기를 적을 때도 마찬가지다. 기억은 생애 단계에 따라 순서대로 떠오르지 않는다. 일단은 기억나는 대로 적어놓는 게 요령이라면 요령일 수 있다.

연대기 작성은 처음부터 너무 세세하게 작성하려다 보면 기억의 한계에 부딪히고 말 것이다. 그래서 집을 지을 때 벽과 지붕으로 기초 골격을 먼저 완성하는 것처럼 큰일부터 연대별로 적으면 된다. 나의 연대기를 다음과 같이 적어보았다.

1963년 7월 1일 탄생

1970년 3월 믿음 초등학교 입학

1976년 3월 희망 중학교 입학

1979년 3월 사랑 여자고등학교 입학

1982년 3월 열정 대학교 심리학과 입학

1986년 2월 열정 대학교 심리학과 졸업

1987년 3월 애니메이션 동화 파트에서 근무

1988년 화가 지망생

1991년 7월 1일 수도원 입회

1994년 3월 첫 서원

1999년 1월 로마 유학

2001년 9월 15일 종신서원

2004년 10월 1일 수도원 퇴회

2004년 12월 신앙 출판사 입사

2005년 6월 2일 신앙 출판사 퇴사

2005년 7월 학습지 교사 시작

2007년 12월 24일 결혼

2009년 2월 학습지 교사 퇴사

2009년 3월 빅토리푸드 창업

2011년 12월 빅토리푸드 폐업

20012년 2월 학습지 교사 다시 시작

2018년 12월 학습지 교사 퇴사

2019년 1월 요식업 근로자 시작

2020년 청소 노동자 시작

2022년 8월 1일 책 쓰기 시작

이런 식으로 인생사에 큰 획이 되는 사건들부터 먼저 적어놓는다. 그리고서 기억나는 대로 사건 사이사이에 이야기들을 채워가면 된다. 다음과 같이 작성해보았다.

1963년 7월 1일 탄생

나는 서울특별시 마포구 서교동에서 아버지 김○○, 어머니 김○○의 2남 2녀 중 막내딸로 태어났다. 아쉽게도 어머니는 내가 태어난 시간을 정확히 기억하지 못했다. 단지 '너를 낳았을 때 해가 훤하게 밝았어.'라는 엄마의 기억을 근거로 나의 탄생 시간을 어림잡아 오전 9시경이 아닐까 짐작하면서 살고 있다.

1970년 3월 믿음 초등학교 입학

초등학교 첫 등교일이다. 3월이었지만 참 추웠었다. 엄마가 사준 초등학교 첫 책가방은 가죽으로 된 백팩이었다. 지금도 정확히 기억할 수 있는 자줏빛을 띠었던 가죽 가방이 나는 마음에 들지 않았었다. 핑크빛에 예쁜 그림이 있는 가방이 갖고 싶었다. 운동장에서 꼬물꼬물 아이들이 줄을 선 채로 모여 있다. 담임선생님이 우리를 교실로 데리고 들어갔다. 우리 선생님, 나의 선생님이다. 신기했다. 선생님이 우리를 향해 "노래할 사람!" 하고 물었다. 나는 손을 번쩍 들고 나가서 며칠 전에 언니한테 열심히 배웠던 "London Bridge is falling down, falling down, falling down…." 노래를 신나게 불렀었다. 선생님은 아이들 앞에서 내가 용기가 있다고 칭찬해주었다. 나는 그런 내가 자랑스러워서 으쓱한 기분이 들었다. 난 밝고 자신감 넘치는 아이였나 보다.

1976년 3월 희망 중학교 입학

처음 입은 교복, 풀을 먹여 빳빳한 하얀 칼라를 아침마다 갈던 기억, 알파벳도 모르고 영어 시간에 앉아 당황하고 있는 나의 모습, 친했던 친구들의 이름과 얼굴이 생생히 떠오른다. 미희, 은미. 은미 집 마당에 있던 새하얀 털을 가진 토끼들, 성이 참 신기하다고 느꼈던 간혜경 친구, 시험 때 우리 집에서 밤새워 공부한다고 해놓고서는 수다만 떨어버려 아침에 불안에 떨던 나, 이층집이었던 우리 집, 2층 거실에 깔려 있던 빨간색 카펫, 대학가요제 입상 곡들을 녹음해서 자주 듣던 기억….

기억 실타래를 풀면서 쓰는 자서전

혹자는 자서전 쓰기가 길고 어려운 과정의 연속이라고 말하기도 한다. 그러나 이렇게 나의 연대기를 작성하고 이를 바탕으로 기억하기를 가동하면 의외로 기억 실타래가 생각보다 쉽게 풀려 어느새 자서전을 쓰는데 필요한 자료와 글감들이 차곡차곡 쌓이게 된다. 불쑥 찾아낸 기억이 너무도 세세하고도 정확해 깜짝 놀라는 순간도 있다.

연대기는 자서전을 쓰기 위한 기초자료가 되므로 기억하는 모든 내용을 상세하게 기술하면 할수록 좋다. 충분히 확보된 글감으로 집필, 퇴고, 출간의 과정에 따라서 책을 써 내려가면 된다. 이 모든 과정이 처음 접하기에 벅찬 일이지만 일정 기간 몰입과 집중력을 발휘하면 충분히 할 수 있는 일이다. 자서전 쓰기 과정을 온몸으로 거치다 보면 자연스럽게 책 쓰기 역량이 길러진다. 이 역량을 그냥 묵히지 않고 계속 갈고 닦으면 다른 분야의 책도 쓸 수 있는 작가가 될 수 있다.

자서전 쓰기는 꼭 출간을 목표에 두지 않고서도 나를 위해서 꼭 한 번은 도전해볼 만한 의미 있는 일이다. 고난과 역경이 없는 인생은 드물 것이다. 그 인생 이야기를 나에게 한 번은 풀어놓아야지 않겠는가! 그 일을 신나게 해보자. 60년 이상의 삶을 차분하게 정리하여 자서전의 형태 안에 담아보는 것만으로도 인생이 좀 더 굳건해지는 느낌이 들 것이다.

4

실전 자서전 쓰기

내 인생에서 가장 중요한 '주제'로 쓴다

누구나 쓸 수 있는 자서전

자서전을 쓰기 위해서는 무엇보다도 명확한 동기와 굳건한 의지가 필요하다. 이 두 가지만 단단히 갖추면 누구나 자서전을 쓸 수 있다. 글이나 책을 쓸 때 겪는 곤란함 중의 하나가 글감의 부족인데 자서전은 자기 삶이라는 글감이 무궁무진하다. 그러므로 글감을 찾아내는 방법을 익히고 찾아낸 글감을 글로 표현하는 글쓰기 연습만 한다면 누구나 충분히 자서전을 쓸 수 있다. 내 자서전을 어떤 방식으로 쓸지는 쓰는 이의 마음에 달려 있다. 더 끌리고 더 편하게 쓸 수 있는 쪽을 선택하면 된다. 같은 인생 이야기라도 어떤 방식으로 전개하느냐에 따라 전달되는 글의 느낌은 상당히 달라진다.

지금의 자신에게 가장 중요한 게 무엇인지를 점검하고 그것을 주제로 삼아 자서전을 기획하기도 한다. 그 주제가 꿈, 실패, 가정, 사랑, 결혼, 은퇴 후 생활 등 어느 것이든 가능하다. 어느 날, '나는 돈을 왜 이렇게 힘들게 벌고 있을까?' 하는 질문을 나에게 하기 시작했다. 당연히 그 질문을 할 당시 내 인생에서 가장 중요한 주제는 '어떻게 하면 부자가 될 수 있을까?'였다. 다음의 글은 내가 겪은 돈의 경험을 주제로 써 내려간 절절한 나의 이야기다.

부자의 꿈을 주제로 쓴 나의 이야기

나는 매일 밤 머리 뉠 곳이 있었고 단 한 번도 굶은 적이 없었다. 나를 가난하다고 말하는 사람도 없었지만 예쁜 집을 사고 싶을 때, 캠핑카를 사고 싶을 때, TV에 나오는 멋진 나라로 당장 떠나고 싶을 때, 노동의 굴레를 완전히 벗어나지 못할 때 나 자신을 가난하다고 생각했다.

'2010년 5월 12일 김○○ 드림' 이렇게 지인이 사인한 책 한 권을 받았다. 그 책이 바로 『꿈꾸는 다락방』이었다. 이 책은 '생생하게 꿈꾸면 이루어진다'는 주제가 관통하고 있었다. 평범한 사람들은 죽도록 열심히 일해야 성공할 수 있다고 생각한다. 그러나 성공한 사람들은 이미 성공한 자기 모습을 생생하게 그릴 수 있는 능력을 성공의 제일 요소로 생각한다. 둘 중 누가 옳은 것일까? 당연히 성공한 사람들이 옳다.

호텔 왕 콘라드 힐튼이 생전에 "호텔 왕인 나와 평범한 호텔 직원과의 차이는 오직 하나, 성공을 상상하는 능력 외에는 없다."라고 입버릇처럼 읊조리고 다녔다는 내용이 『꿈꾸는 다락방』에서 소개되고 있다. 이 책은 내가 처음으로 읽게 된 자기계발서이기도 하다. 첫 페이지를 펼치는 순간부터 가슴이 쿵쾅거릴 정도로 설렘에 압도당했다. 생생하게 꿈꾸기만 하면 나도 부자가 될 수 있을 것 같았다. 그리고 수년 동안 생생하게 꿈꾸는 여정을 살았다. 그런데 나는 아직도 완전한 경제적 자유를 마음껏 누리지 못하며 살고 있다. 생생하게 꿈꾸어서 부자가 되었다는 성공담이 흘러넘치게 많은데 나는 왜, 무엇 때문에 그 성공담에 나의 이름 석 자를 올리지 못하는 것일까?

돈에 대한 나의 묵은 신념

어느 날 기적처럼 새로운 생각 하나가 내 마음속 깊은 곳에서 나를 깨웠다. 그것은 바로 '나는 돈을 어떻게 생각하고 있는가?'였다. 나는 돈을 많다, 적다와 같이 그저 숫자로만 생각하면서 살았다. 그런데 "돈은 감정을 가진 인격체이고, 감정 덩어리인 돈은 자신에 대한 부정적인 이미지가 형성되어 있는 곳에서는 살기 싫어한다. 아니 살 수가 없다. 돈의 흐름 구조가 그렇게 되어있다."라고 김승호는 『돈의 속성』에서 밝히고 있다.

'생생하게 꿈꾸면 이루어진다'라는 진실은 오랜 세월 동안 자기계발서의 핵심 사상이다. 그런데 이 진실의 덕을 보기 위해서는 생생하게 꿈을 꾸기 전에, 자신의 신념과 태도가 어떤지를 먼저 되짚어보아야 한다. 나는 돈은 고생해서 벌어야 한다고 믿고 있었다. 이 믿음으로 인해 내 인생의 돈의 흐름은 믿는 대로 힘겹게 흐를 수밖에 없었다는 걸 깨닫는 순간이 찾아온 것이다.

돈이 없다는 믿음

나의 고향은 서울특별시 마포구 서교동이다. 서교동은 1980년대까지만 해도 연희동과 함께 서울 서부권에서 알아주는 부촌으로 평가받았다. 나는 서교동에서 태어나서 대학교 다닐 때까지 살았다. 우리 집은 큰 부자는 아니었다. 그렇다고 가난하지도 않았다. 1960~1970년대에 텔레비전이 있는 집은 손에 꼽을 정도였다. 그런데 우리 집에는 텔레비전이 있었다. 동네에서 유일하게 우리 집만 있었다. 저녁때면 동네 사람들이 우리 집의 넓은 마루에 죽 둘러앉아 레슬링, 권투, 드라마를 보곤 했다. 100평이 넘는 우리 집에는 방과 부엌이 참 많았다. 엄마는 그 방들을 전세, 월세를 놓아 운영하면서 집안 경제를 이끌어갔다. 부잣집 막내아들이었던 아버지는 어린 내가 보아도 가장이라는 의식이 도통 없어 보였다. 이런 이유 때문인지 엄마의 생활력은 무척이나 강했다.

엄마는 입버릇처럼 돈이 없다고 말하면서 늘 돈에 쫓기면서 살았다.

돈을 둘러싸고 아버지와의 싸움도 잦았다. 가능하면 돈을 쓰지 않으려 아등바등하며 살아야 했던 엄마는 그 흔한 인형, 동화책 한 권도 나에게 사주지 않았다. 나의 유일한 장난감은 문방구에서 산 종이 인형을 예쁘게 오려서 갖고 노는 것이었다. 연필깎이로 곱게 깎은 친구의 연필을 부러워하던 서러운 기억도 있다. 갖고 싶은 게 있어 말하면 엄마는 늘 돈이 어디 있어, 돈 없다고 하면서 사주지 않았다. 나는 그렇게 어릴 적부터 돈 앞에서 무기력해지는 것부터 배웠다.

돈에 대한 핵심 신념을 찾아가는 여정

돈 때문에 항상 화가 나고 쪼들리고 불안해하던 엄마가 집을 판 돈 전부를 사기당하는 큰 사건이 생겼다. 돈을 모으는 데만 급급해서 돈의 흐름을 막아 버렸던 엄마에게 돈은 붙어 있고 싶지 않았던 걸까? 라고 그때의 아픈 사건을 이제야 알게 된 돈의 흐름에 대한 지식으로 해석해보았다. 이렇게 평생 돈과 치열한 전쟁을 치르는 엄마를 바라보면서 '돈이 없다, 돈은 쉽게 얻을 수 없다.'와 같은 부정적인 신념을 엄마처럼 내 마음에 들여놓기 시작했던 것 같다.

대학을 졸업하고 가톨릭교회 수도자가 되었다. 자발적 가난을 서약하고 13년 2개월을 살았다. "네가 완전한 사람이 되려거든, 가서 너의 재산을 다 팔아 가난한 사람들에게 나누어 주어라. 그러면 하늘에서 보화를 얻게 될 것이다. 그러니 내가 시키는 대로 하고 나를 따라오너라."(마태복음 19장,21절) 이 성서 말씀에 근거해 수도 성소 안에서 재물에 대한 포기는 가장 기본적이다. 수도자가 되어 그 긴 세월을 살면서 돈을 좋아하기보다는 돈을 멀리하며 돈에 대한 욕구를 애써 참으면서 살았다. 가난은 내가 반드시 닦아야 할 덕목이었다. 가난은 하느님이 약속한 축복의 통로이며 인내할 가치가 있는 사명이라고 믿고 살았다. 이러한 믿음 안에서 나 자신도 모르게 돈에 마음을 닫고 돈을 거부하고 멀리하는 마음 버릇이 생겼을 것이다. 그 마음 버릇은 돈에 대한 신념의 일부로 자리 잡고 있을 것이다. 가난한 사람에게는 가난해지는 마음 버릇이 있으며, 부자에게는 부자의 마음 버릇이 있다. 그리고 그 버릇에 상응하는 현실이 따라온다. 어릴 적부터 터득한 나의 마음 버릇과 돈에 대한 신념은 부자의 마음 버릇이라기보다는 가난해지는 마음 버릇임이 분명하다.

나는 부자가 되고 싶은 꿈을 생생하게 꿈꾸기 전에 먼저 돈은 어떻게 움직이는지, 돈은 어디로 몰려다니는지, 돈이 내게 붙어 있게 하려면 어떻게 해야 하는지에 대한 비밀을 깨달아야 했다. 김승호 저자는 이 비밀을 알고 있는 사람이 몇 안 된다고 했다. 녹초가 될 때까지 고생하면서 돈을 버는 방식으로는 절대로 풍족한 부를 가질 수 없다. 이에 반해 돈에 대한 신념과 마음 버릇에 대한 새로운 통찰로 샘솟는 돈줄을 끌어당길 수 있다. 이 진실을 더 늦기 전에 믿게 되어 정말 다행이고 감사하다.

주제로 쓴 자서전의 가장 큰 혜택

 내 인생에서 가장 중요한 주제를 중심으로 쓴 자서전은, 주제를 관통하면서 나에 대해 서술하기 때문에 자기 정체성을 찾고 확립하는데 좀 더 수월해진다. 주제를 갖고 과거로의 시간여행을 하면서 인생의 대전제를 바로 세울 수 있는 게 가장 큰 수확이다. 이 방식을 빌려 쓴 자서전을 통해 내가 새롭게 세운 부자가 되는 법칙의 대전제는 다음과 같다.

 '생생하게 꿈꾸면 이루어진다'는 성공의 법칙은 오래전부터 이미 우주에 존재하던 성공의 힘이고 진실이다. 해가 뜨고 지는 것처럼 말이다. 그런데 해가 뜨고 지는 혜택은 모든 사람에게 주어지지만, 성공의 힘은 끌어당기는 자만이 가질 수 있다. 그 힘을 충분히 이해하고 믿고 올바로 사용하는 사람의 삶 안에 부자가 되는 기적은 반드시 일어날 수 있다.

진짜 자기를 만나는 최고의 순간

 자서전 쓰기는 내가 나를 위해 내가 베푸는 가장 큰 선물이다. 글을 쓰면서 시공간을 초월해 나의 삶 일부를 보냈던 곳으로 달려갈 수 있다. 훤한 대낮에 시작한 술래잡기를 깜깜한 밤이 될 때까지 재미있게 하는 나를 만나 행복해진다. 겨울이면 동네 어귀에 생기던 스케이트장에서 친구들과 스케이트를 타던 추억이 눈앞에 펼쳐지기도 한다. 과거에 겪은 돈의 경험에 대해 얻은 통찰로 인해 힘들게 노동을 이어가고 있는 현재 삶에 대한 이해가 깊어져 새로운 삶을 준비할 수 있는 발판을 만들 수 있다.

자서전을 쓰면 아픔, 슬픔, 후회, 즐거움, 성찰, 행복 등 온갖 감정을 넘나들면서 자기의 무의식과 맞닿아 진짜 자기 이야기를 써 내려갈 수 있는 존재로 새롭게 태어난다. 진짜 자기 이야기를 쓰면서 진짜 자기가 되는 행복을 느낄 수 있다. 가장 행복할 때는 자기 이야기를 진정으로 알게 되는 순간이라는 것을 자서전을 쓰면서 깨달았다. 이 깨달음을 얻은 자서전 쓰기가 너무도 소중하다.

5

실전 자서전 쓰기

내 인생의 키워드를 찾아라

자서전을 쓰기 위해 기억을 쫓아가다 보면 인생에 큰 영향을 미쳤음에
도 불구하고 잊힌 단어들이 있다. 그 단어들은 인생의 중요한 키워드가
될 수 있다. 키워드(key word)는 주제를 나타내는 핵심어를 말한다. 나
에 대해 연대별로 또는 주제별로 서술하다 보면 자연스럽게 나에 대해
잘 표현할 수 있는 핵심어를 뽑아낼 수 있다.

어두운 밤, 예술적인 손, 추진력, 창의력, 적응력, 그림, 강의력, 믿음,
건강, 수도자, 노동자, 작가 등은 내가 찾아낸 내 인생의 키워드들이다.
키워드를 20~30개 정도로 압축해놓으면, 키워드 하나하나가 전 생애를
꿰뚫어 나의 이야기를 쓸 수 있는 씨앗이 된다.

어두운 밤

로마 유학 시절의 이야기다. 내가 소속되어 있던 수도원은 34개국에 진출한 선교 수도원이었다. 필리핀, 콜롬비아, 페루, 아르헨티나, 인도, 칠레, 스페인, 폴란드 국적이었던 수녀들이 로마 유학 동기들이었다. 나는 로마에서 아주 잘 적응했다. 낯선 음식도 잘 먹었고, 스페인어 습득도 빠르게 해내었다. 스페인어로 로마 테레시아눔 영성신학대학의 전 과정을 높은 점수로 거뜬히 수료할 수도 있었다. 2년 동안 함께 했던 동기 수녀들과 쌓은 행복한 추억들이 너무도 많다. 꼭 기회가 되면 동기 수녀들 한 명 한 명을 찾아가서 만나는 게 버킷리스트 항목 중 하나다. 그들은 따뜻하고 개방적이고 참 자유로웠다. 사랑을 자연스럽게 표현할 수 있었던 그들에게 처음으로 사랑받고 있다는 느낌 속에서 살았다.

부모님의 사랑은 어떠한 역경 속에서도 버티고 견딜 수 있는 삶의 터전이다. 로마에서의 많은 기억 중에 아주 선명하게 남아 있는 한 장면이 있다. 아르헨티나 국적을 가진 수녀가 자기 엄마를 떠올리면서 'Mi Mama'하며 눈물을 주르륵 흘리던 얼굴이 아름답게 빛났다. 그 얼굴에는 사랑, 감사, 그리움이 가득했다. 나는 그 수녀의 얼굴을 보면서 내 머리채를 잡고 때리던 엄마의 난폭함이 떠올랐다. 맛있는 게 있어서 먹으려고 하면 '오빠 먹게 놔둬라!' 하던 말도 떠올랐다. 물론 선천성 심장판막증으로 항상 생사를 넘나들던 큰오빠를 향한 엄마의 절박한 사랑이었다고 이해할 수는 있다. 그러나 어쨌든 난 많은 결핍을 느끼고 상처받으면서 어린 시절을 보냈다. 결국 큰오빠는 32세 때 세 살 아들과 한 살 딸 그리고 27세밖에 안 된 아내를 두고 세상을 떠났다. 새언니는 몇 년 후에 아이들을 엄마에게 맡기고 재혼했다. 이러한 기가 막힐 정도의 불행한 상황 모두를 감당해야 했던 엄마의 절망이 얼마나 컸을까? 어느 정도 이해하고 공감은 할 수 있지만 전부 다 알 수는 없을 것이다. 그러나 자신의 절망을 몹시 거칠게 가족들에게 쏟아내었던 엄마의 존재는 나에게 사랑보다는 어둠이었다. 사실 난 동기 수녀가 느끼던 엄마를 향한 충만한 사랑을 모른다. 나에게 있어 가족은 사랑이기보다는 칠흑처럼 어두운 밤이었다고 한다면 배은망덕하다고 할까? 그래도 괜찮다. 이 자서전은 나를 위해서 쓰는 것이기에 어두운 밤이라는 표현을 통해 내가 조금이라도 치유될 수 있다면 망설임 없이 그렇게 표현할 것이다.

예술적인 손

나는 자라면서 그림을 잘 그린다는 소리를 많이 들으면서 자랐다. 어릴 때부터의 꿈은 화가가 되는 것이었다. 틈만 나면 인사동 그림 전시회를 돌아다니던 20대의 기억이 소중하다. 수도원 입회 후에 전시회를 마음껏 가지 못해 아쉬웠다. 수도원에 있을 때 후배 수녀들의 첫 서원을 축하하기 위해 벽화를 그렸던 적이 있었다. 꽤 큰 크기의 벽에 빛처럼 떠오르는 이

미지들을 창의적으로 표현하면서 엄청난 희열을 경험했다. 집에서 쫓겨나서 동기 수녀들보다 두 달 일찍 수도원에 입회했다. 그런 나를 원장 수녀님이 재봉학원에 보내주었다. 딱 한 달을 배웠을 뿐인데 수녀님들을 위한 블라우스와 A라인 치마를 아주 잘 만들었다. 그때부터 수도원에서 나의 주된 일터는 재봉실이었다. 돌이켜 보면 나는 손으로 하는 일을 좋아했고 이 분야에 재능도 참 많았다. 손으로 하는 청소일을 아주 잘하는 까닭도 이런 깊은 뿌리가 있는 것은 아닐까 생각해본다. 요즘은 손으로 글을 쓰고 있다. 노트북 앞에 앉아 키보드를 두드리면서 글을 쓰다 보면 저절로 행복해진다. 예술적인 나의 손은 나를 기쁘게 한다. 하마터면 묻혀버렸을 내 이야기와 일상을 글로 써 책에 담고, 시간과 경험에 따라 달라지는 마음을 그림으로 그리는 것까지가 내 손과 이루고 싶은 노년의 꿈이다.

믿음

믿음은 보이지 않지만, 인간의 삶에서 엄청난 역할을 하는 게 사실이다. 아주 단순하게 보이는 믿음이 실제로 얼마나 큰 힘을 가지고 있을까? 이 질문에 답을 찾기 위해 매달렸던 적이 있었다. 그때 우연히 나를 찾아온 책 한 권이 있었다. 그 책은 그렉 브레이든의 『믿음 코드 31』이다. 이 책에서 소개되고 있는 한 남자의 이야기가 아주 흥미롭다.

200여 명이 넘는 사람들이 한 강연장에 모여 있을 때 한 떼의 사람들이 우르르 들어왔다. 그 무리 중에 유독 한 남자에게 사람들의 시선이 쏠렸다. 예사롭지 않은 그 남자의 등장으로 청중들 사이에 돌아다니던 파동은 한순간에 조용해졌다. 그의 이마 가운데에서 콧대 쪽으로, 그리고 그의 두 눈썹 사이의 좁은 공간을 가로질러서 십자가 모양의 상처 자국이 있었다. 완벽한 십자가의 비율로 난 상처는 아직 아물지도 않은 상태였다. 그의 몸에 난 상처는 단지 이마뿐만이 아니었다. 그의 상처는 즉각적으로 한 단어를 떠올리게 했다. 스티그마타! 그는 성흔(성스러운 흔적)을 가지고 있었다. 스티그마타는 예수가 골고다 언덕에서 수난을 받을 때 양손, 양발, 옆구리에 입은 상처를 말한다.

이 이야기는 인간의 믿음은 실제로 한 사람이 가장 심오한 느낌을 자기 육체 표면에 나타나게 할 정도로 강력할 수 있음을 증명하고 있다. 그런데 이것이 정말 가능할까? 나는 물론 가능하다고 믿는다. 그 이유는 이러하다. 우리가 무엇인가를 아주 완전히 믿는다면 우리 잠재의식은 우리가 나타날 것이라고 믿었던 것을 현실로 바꿀 힘이 있기 때문이다. 다른 말로 하면 '믿으면 보리라'는 성서의 말씀은 진실이다.

비록 예수의 성흔을 내 육체에 새기지는 않았으나 나 또한 예수의 수난을 나의 현실로 받아들이며 살았던 꽤 긴 세월이 있었다. 종교 서적을 탐독하고 기도에 힘썼던 20대, 내 안에 있는 에너지의 장을 체험하면서 예수의 거룩한 부르심(성소)을 들었다. 그리고 믿었다. 그 강력한 부르심에 대한 응답으로 전혀 예상치 못했던 삶의 방식인 가톨릭교회 수도자가 되어 13년 2개월을 살았다. 아주 단순하게 보이는 믿음은 한 사람의 인생을 통째로 바꾸어놓을 만큼 큰 힘을 가지고 있다.

내 인생의 주인공이 되어 쓰는 자서전

살면서 위대한 업적을 일군 사람들이 많다. 그에 비해 난 위대함은커녕 평범하지도 못한 삶을 살았다. 아이를 낳고 키우는 엄마의 삶도 살지 못했으니 말이다. 아쉬움이 큰 만큼 더욱더 내 인생의 무대에 나를 주인공으로 세우며 자서전을 쓴다. 애써 찾아낸 내 인생의 키워드는 인생을 풀어나갈 수 있는 첫머리가 된다. 각각의 키워드에서 생각나는 사건들을 서술하면서 나무에서 가지가 뻗어나가듯 써나가면 자서전이 된다. 더 구체적인 일이 생각나면 큰 가지에서 더 작은 가지를 만들어도 좋다. 가지치기하듯 꾸준히 기억하는 일을 지속하다 보면 어느새 옛이야기, 지금 이야기 그리고 미래의 이야기까지도 자서전에 담을 수 있다.

자서전을 쓴다는 것에 대해 너무 거창하게 생각하지 말자. 연대별로, 주제별로 그리고 키워드를 실마리로 해서 기억한 것들을 잘 엮어서 나를 서술하면 된다. 자서전은 남을 위한 책이 아니라 나를 위한 책이라는 의식이 무엇보다도 중요하다. 자서전 쓰기는 나만의 이야기가 담긴 책 한 권을 나에게 선물하는 무엇보다도 소중한 경험이고 몰입한 의식이 만들어낸 잊지 못할 사건이다.

chapter 6 ──────────

시니어 맞춤 책 쓰기 7단계: HISTORY-BOOK

청소 일을 하면서 틈틈이 책을 손에서 놓지 않으며 매달렸던 시간 덕분에 글쓰기·책 쓰기가 나다움, 노년다움을 찾도록 돕는 정말 훌륭한 도구임을 경험하였다. 이 경험을 60대 이상 독자들과 나누고 싶어, 60대 이상이라는 특정 연령대를 고려하면서 책 쓰기 7단계를 썼다. 책 쓰기 7단계의 목적은 노년의 길목에 선 이들에게 존재감 있는 노년을 기획할 수 있도록 돕는 것이다. 더불어 노년은 인생의 마무리가 아니라 새로운 시작이라는 개념을 세워 100세 시대가 재앙이 아니라 가슴 떨리는 축복임을 함께 공감하고자 한다.

1단계

건강을 관리하라(Health)

노인의 길을 걷고 있는 나

얼마 전에 노동 현장에서 있었던 일이다. 내가 청소하고 있는 헬스장 지점장이 직원 모두에게 커피를 사주었다. 커피를 주문하기 전 각자 취향을 이야기하던 중에 지점장이 "이모님, 당 떨어지신다. 따뜻하고 달콤한 것 시켜드려라."라고 말했다. 그 말의 어감이 노인에게나 하는 말이라고 느꼈는지 필라테스 강사가 "왜요? 이모님 아직 정정하신데요!"라고 위로하듯 거들었다. 그런데 난 지점장의 말보다도 정정하다는 그 말에 더 큰 충격을 받았다. 난 올해 60세가 되었다. 아니 정확히 6월이 되기 전까지는 59세이다. 평균수명이 50세 남짓이었던 1960년대만 해도 60세가 되면 노인이라는 것에 사회는 물론 본인조차도 별로 반론을 제기하지 않았다. 그런데 베이비붐의 마지막 세대인 나는 난 단 한 순간도 나 자신을 노인이라고 생각해본 적이 없었기에 정정하다는 말을 듣는 그 순간 화들짝 놀라고 말았다. 그러나 어찌하겠는가? 노인의 무리에 섞이고 싶지 않아 6월이 되기 전까지는 59살이라고 운운하면서 발버둥을 쳐 봤자 나는 노인의 길에 들어섰다. 그 길을 제대로 살아내기 위해서는 노인이 되어가는 부정적인 풍경을 바라보기보다 나이 듦의 매력을 찾는 연습을 하리라 다짐한다.

노인이 된다는 것은 무엇일까? 우선 개인차는 있으나 신체의 노화를 겪게 된다. 그래서 노년의 가장 큰 고통은 무엇보다도 질병이 될 수 있다. "돈이 많아도 돈이 없어도 건강이 없으면 모래 위의 집~"이라는 트로트 가사도 있듯이 나이가 들어가면서 누구나 챙기는 게 있다면 단연코 건강이다. 그런데 노인을 힘들게 하는 것이 비단 건강뿐만은 아니다. 대한민국 노인들의 4중고(四衆苦)는 가난, 고독, 질병, 그리고 무위(無爲)라고 한다. 이 4가지 고통 중에 무위가 노년 인생을 무너뜨리는 무게는 엄청나다. 무위는 말 그대로 아무것도 하는 일이 없음을 뜻한다. 아무런 일도 없이 그냥 숨 쉬며 사는 것. 꿈도, 목표도, 취미도 없이 버텨야 하는 하루 24시간. 몸져누워 있을 만큼 아픈 데도 없고, 집에 우두커니 앉아있자니 답답하고, 그런데 전철은 공짜니까 온종일 돌아다닌다는 노인들의 이야기가 들리면 안타깝다. 무위는 정신없이 바쁜 하루보다 더 힘들지도 모른다.

85세의 번역가 할아버지

"자네 그 나이에 아직도 일해?"라는 질문을 들을 때마다 "이 나이에도 일할 수 있는 걸 어떡해?"라고 대답하는 사람이 있다. 환갑을 넘어 전 재산을 잃고 남의 집 묘 막살이를 살면서도 포기하지 않고 재기를 꿈꾸었던 사람. 『폭주 노년』을 쓴 작가이며 번역가이기도 한 1930년생 말띠 김욱 할아버지다. 일흔이 넘어서 번역가의 삶을 시작한 할아버지는 새벽 4시에 일어나 12시까지, 무려 8시간을 책상에 앉아서 글을 썼다고 한다. 김욱 할아버지는 70세부터 두 번째 인생을 그렇게 열심히 개척한 결과, 매당 1,500원 받던 번역료가 3,000원으로 껑충 뛰어 85세가 되던 해에 이미 한 달 수입이 600만 원이 되었다고 한다.

김욱 할아버지가 글쓰기로 노년 인생을 멋지게 개척하는 데 성공할 수 있었던 것은 매일 8시간을 책상에 앉아서 글과 함께 버틸 수 있었기 때문이다. 그런데 건강이 뒷받침되지 않았다면 불가능했을 것이다. 아마도 김욱 할아버지는 책상에 앉아 있는 시간만큼이나 아니 그보다 더 많은 시간을 건강관리로 할애하지 않았을까 짐작해본다.

노년 인생에 최고의 행복 조건, 건강

노년 인생에서도 최고의 활력소는 꿈이다. 꿈으로 다가가는 일과 취미는 늘 일상의 행복을 선물한다. 그러므로 인생이 끝날 때까지 꿈을 잃어서는 안 된다. 그리고 노년 인생에 최고의 행복 조건은 역시 건강이다. 행복한 노년을 보내려면 건강을 유지하는 것이 가장 기초적인 조건이다.

건강을 잃고 나면 그 인생은 사실상 끝나고, 행복은 사라지고 만다. 그러므로 건강을 관리하기 위해서 자기 나름의 방법을 찾아 꾸준히 운동을 해야 한다.

글쓰기·책 쓰기는 노년에 갖게 된 나의 새로운 꿈이다. 이 꿈은 늘 나를 격려해주고 나에게 행복감을 준다. 책 한 권에 노년의 꿈을 담으며 인생 끝까지 행복을 맛볼 수 있는 길을 찾았음에 감사한다. 나 자신에게 몰두할 수 있는 글쓰기·책 쓰기를 건강을 유지하면서 오랫동안 하고 싶기에 매일 실천하고 있는 운동이 있다. 바로 걷기다. 글을 쓰다가 피로해지거나 아이디어가 떠오르지 않으면 걷는다. 한 걸음 한 걸음 걷다 보면 영감이 떠올라 막혔던 글이 술술 풀리는 행운을 마주하기도 한다.

걷기는 무엇보다 뇌를 젊게 단련시킨다. 글쓰기는 마음뿐 아니라 뇌를 많이 쓰는 작업이므로 걷기는 아주 유용한 운동 관리법이 될 수 있다. 걷기는 심폐기능과 심혈관의 기능을 유지하는 데 도움이 되고, 몸의 순환을 돕기 때문에 몇 시간씩 같은 자리에 앉아서 글을 쓰면 무겁게 느껴지는 몸의 증상을 완화할 수 있다. 이렇게 건강과 글쓰기에 도움이 되는 걷기를 제대로 배우면서 걷고 싶어 여러 가지 걷기 방법을 찾아보았다.

걷기의 다양한 방법

1. 야외에서 걷기: 산책 정도의 걷기보다는 파워워킹을 하는 것이 좋

다. 평탄한 길을 걷는 것도 좋지만 비탈길이나 계단이 나타나면 피하지 말고 올라가 보자. 이는 걷기에서 부족하기 쉬운 근력을 키우는 데 도움이 된다. 그리고 신선한 공기를 마시며 따뜻한 햇볕과 시원한 바람을 느끼는 것, 계절에 따른 주변 환경의 변화를 눈으로 확인하는 것은 스트레스 지수를 완화하고 마음을 평온하게 만든다.

2. 뒤로 걷기: 사람이 없는 한적한 길에서 뒤로 걷는 운동법도 추천한다. 앞으로 걷기는 우리가 평생 매일 반복해온 일이기 때문에 우리의 뇌는 걷기에 특별한 주의를 기울이지 않는다. 하지만 뒤로 걷는 것은 뇌가 손쉽게 처리할 수 있는 신체 동작이 아니기 때문에 뼈와 근육에 많은 주의를 기울이게 만든다. 이에 따라 움직임도 커지면서 더 많은 근육 사용으로 열량 소모가 아주 많아지게 된다. 그뿐만 아니라 인체에 대한 뇌의 통제를 강화함으로써 유연성과 순발력 등을 향상하고 운동 능력이 필요한 여러 가지 상황에서 더 효율적으로 몸을 통제할 수 있게 만든다.

3. 노르딕워킹: 사람의 몸 전체 근육 중 9할가량을 사용하는 전신운동이 되는 걷기운동으로 유럽에서 인기 있는 방법이다. 그냥 걷는 것이 아니라 등산할 때 쓰는 스틱 2개를 사용하여 걷는 방식이다. 노르딕워킹은 노르딕 스키에서 유래된 방법이다. 특히 핀란드의 스키 선수들이 계절에 상관없이 몸 관리를 하기 위해서 만든 운동법이다. 이러한 방법을 과

거에는 몰랐지만, 현대인에게 적절한 운동법이라는 것이 알려지면서 정말 많은 사람이 노르딕워킹을 하고 있다. 일반 걷기 유산소에 비해 에너지 소모량이 두 배가량 된다고 한다. 보통 1시간 걸을 때 280칼로리 정도를 소비한다면 노르딕워킹은 460칼로리 정도를 소비할 수 있다. 노르딕워킹으로 파워워킹을 하면 그 효과는 더 높아질 것이다. 폴(Pole)을 잡고 걷게 되면 가슴이 자연스레 펴지는데 이는 자세 교정에도 효과적이다. 그리고 폴을 잡고 걸으면 통증 완화를 할 수 있다고 한다. 상체를 이용해 폴로 지면을 압박하는 과정이 몸무게를 분산시켜 주기 때문이다. 자세 교정이 되면 통증 완화에도 도움이 될 것이다. 특히 골반과 대퇴골을 잇는 고관절이 틀어져 있는 분들에게 효과적인 운동이다.

4. 맨발 걷기: 『맨발 걷기의 기적』, 『맨발로 걸어라』의 박동창 저자는 맨발 걷기가 면역력을 높이는 효능이 있다고 한다. 발바닥은 신체 여러 부위와 연결되어 있으며 그 지점을 적당히 자극하면 건강 유지에 도움이 된다는 것은 이미 많이 알려진 사실이다. 맨발 걷기를 통해 발이 땅에 닿으면 혈액 속 세포끼리 밀어내는 힘이 활성화되면서 혈액이 묽어진다. 한마디로 맨발로 걷게 되면 항산화 작용과 혈액 희석효과를 볼 수 있다. 항산화 작용은 질병을 예방하거나 치료하고 노화도 늦출 수 있다. 혈액 희석 작용으로는 심근경색과 뇌졸중을 막을 수 있다. 실제로 암, 고혈압, 고혈당 등 현대인이 앓고 있는 성인병의 90%는 활성산소 때문이라고 한

다. 스티븐 시나트라 박사의 접지 이론은 냉장고, 세탁기와 같은 전기 제품을 땅과 연결해 오작동을 막는 원리이다. 인체에도 전기가 흐르기 때문에 땅에 접지하고 있으면 건강 유지에 이롭다는 것이다. 우리 몸에 있는 활성산소는 양(+)전하를 띤다. 땅에는 음(-)전하를 띤 자유전자가 있다. 맨발로 땅에 접지하여 걷게 되면 땅에 흐르는 자 유전자를 받아 몸의 활성산소가 중화된다는 이론이다.

걷고 걸으면서 건강도 챙기고, 걷고 걸으면서 글쓰기 근육도 기를 수 있으니 다양한 걷기 방법 중에 자신에게 적당한 방법을 선택해 꾸준히 즐겨보자.

영원한 젊음, 글쓰기

글을 쓰며 산다는 건 노년이라 해도 젊은 날을 사는 것이다. 꿈이 있고, 시간의 흐름을 소중하게 채우며 살아갈 수 있기 때문이다. 그런데 하루 이틀이 아니라 10년, 20년 계속 글을 쓰고 싶다면 반드시 체력이 바탕이 되어야 한다. 책상에 앉아 몇 시간씩 버티어야 하는 글쓰기는 영감보다 중요한 것이 강인한 체력이다. 몸이 무너지면 생각도 할 수 없고 글도 쓸 수 없다. 그러므로 글을 잘 쓰려면 무엇보다 체력을 길러야 한다. 글쓰기는 손으로 쓰지만 온몸으로 써 내려가야 하므로 건강관리에 방심하면 글쓰기를 통해 치유받고 성장하고, 넉넉히 행복해지는 체험을 맛보기도 전에 포기해야 하는 상황이 발생할 수 있다. 특히나 노년이 되어 글쓰기를 시작한 사람이라면 건강관리에 더욱 힘써야 한다.

오로지 '쓰고 있다'는 행위만으로도 젊은 감정을 유지할 수 있는 글쓰기와 책 쓰기에 조금이라도 끌린다면 즐거운 여생을 보낼 수 있는 최고의 행운이 시작된 것이다. 글을 쓴다는 특별한 것 없는 그 행위가 얼마나 큰 위로를 주는지 더 많은 노년 세대가 알았으면 좋겠다. 즐거운 인생은 다른 데 있지 않다. 내가 가장 즐겁게 할 수 있는 생산적인 일을 죽을 때까지 할 수 있다는 것, 그것이 최고로 행복한 인생이 아닐까 하고 생각해본다. 인간에게 영원한 퇴직이란 죽음이 찾아오는 그날뿐이라고 믿고 살아보자. 자기 자신만 믿고 꿋꿋이 할 수 있는 글쓰기는 정신적이면서도 동시에 육체적인 작업이기에 건강한 체력을 기르면서 글쓰기에 관한 관심과 열정을 키워보자.

2단계

통찰하라(Insignt)

책 쓰기의 선물, 영혼의 통찰

내 책의 막바지인 6장에 오기까지 근 5개월이 걸렸다. 내 책 쓰기는 비가 그치면 해가 뜨고, 해가 지면 서쪽 하늘이 검붉게 물드는 것과도 같이 순조롭게 진행되지는 않았다. 내 생애 첫 책 쓰기라서 책 쓰기 내공이 약한 탓에, 한계에 부딪혀 한 달가량 책 쓰기를 놓쳐버리기도 했다. 하지만 이내 다시 돌아와 책 쓰기를 잡으려고 애썼다. 다양한 감정을 겪으며 힘겹게 쓴 두툼한 양의 원고를 앞에 두고 부끄러움과 불안감을 느끼기도 했다. 그런데 그 불안이 깊어진 그 순간 내 안에서 외치는 어떤 음성을 들었다. '침착해, 결과에 두려워하지 마! 최선을 다한 너를 믿어.' 착각이 아니라면 그것은 바로 내 영혼의 목소리였다. 마치 내 영혼이 내 몸 바깥에서 나에게 말을 걸어오는 것처럼 느껴졌다. 그동안 소홀히 대했던 영혼이 진실로 눈앞에 나타나는 통찰이라도 시작된 것일까? 보지도 듣지도 못하는 영혼을 진정으로 깨달은 적이 이제껏 단 한 번도 없었다. 책을 쓰면서 내 영혼에 귀 기울일 시간이 많았을 뿐인데, 내 영혼은 이제 모습을 분명히 드러내고 내 앞에 서 있다.

영혼은 '포기하지 마! 게으름을 피우지도 마! 자, 끝까지 글을 써. 여기서 포기하면 네 노년의 직업은 청소 이모로 끝이 나는 거야.' 이렇게 충고한다. 영혼을 만난 내 인생 안에는 사고의 지평(地平)이 넓어지며 앞으로 일어날 기적을 기대하는 통찰이 깊어진다.

사고의 지평에 대한 통찰

'생생하게 꿈꾸면 이루어진다'는 것에 대한 철석같은 믿음이 가장 근원적인 통찰이다. 눈에 보이는 세계를 인식하는 내 존재 안의 눈에 보이지 않는 기적은 어떻게, 어떤 식으로 일어날 수 있을까? 긍정 확언, 자기 선언문, 생생한 꿈에 대한 상상을 통해 얻은 해답이 실제 생활에도 반드시 적용됨을 깨닫는 데서 일어난다. 내부에서 일어나는 모든 것이 외부에서도 똑같이 적용된다는 것, 가상의 행동은 실제의 행동만큼이나 효과가 있음을 믿을 수 있는 통찰에서 생생한 꿈을 이룬 기적 같은 인생이 내 앞에 펼쳐질 수 있다.

글쓰기는 불분명하고 좁은 내면에 갇혀 있다가 어느 날 명료하고도 눈부신 빛 속에 서게 되었을 때의 기분을 느끼게 한다. 이런 변화는 내 머릿속에 새로운 생각과 상상을 집어넣을 충분한 공간을 만들어주었다.

창조의 기운이 흐르고

공감과 감동이 머무는

노년 인생에 희망을 주는

편안하고 쉽게 읽히는

나만이 쓸 수 있는 나의 이야기

내가 정말 이 5가지 기준을 채울 수 있는 글을 쓸 수 있기나 한 것일까? 내 인식은 고개를 절레절레 흔들며 그런 허무맹랑한 생각은 하지 말라고 한다. 하지만 그런 글을 쓸 날이 분명 오고야 말 것이라는 엄청난 확신은 믿음에 대한 통찰이 이루어지고부터 시작되었다. '나는 멋진 작가가 될 수 있어. 이건 기정사실이야.' 이 새로운 생각에 대한 깊은 통찰을 의식은 이해하지 못했지만, 영혼은 하나씩 벽을 허물며 자신의 힘으로 넘어서면 새로운 문을 열 능력을 쌓을 수 있다고 격려해주었다.

늙는다는 것에 대한 통찰

스무 살이 삶에서 가장 아름다운 나이라고 말하지만, 60, 70도 역시 아름다운 나이다. 이는 늙어감의 숙명 앞에 선 연약한 인간의 체념도 아니고, 가엾은 자기 위안도 아니다. 누구나 예외 없이 늙고 병들어 힘겨워하다가 세상을 떠나는 숙명을 가진 인간을 깊이 이해하며 늙어가는 것은 진정으로 아름다운 일이다. 그리고 그 과정을 글로써 풀어냄은 더 멋진 일이다.

하루하루 죽음의 시간으로 다가가면서 늙어가고 있다는 것에만 적응하면서 살면 아무런 기쁨을 느낄 수가 없다. 살아 있다는 것은 아직 시간이 있다는 것이요, 늙는다는 건 젊음이 우리 안에서 숨 쉬고 있다는 것이다. 이와 같은 의식변화에 대한 귀중한 통찰은 나이와 상관없이 도전과 성취하는 인생길을 열어준다. 나는 과거의 모습에 나를 가두지 않고 글쓰기 · 책 쓰기를 통해 새로운 세상을 향해 우뚝 서기 위한 도전에 나섰다. 글쓰기에는 기적이 살고 있다. 치열하게 나 자신에게 집중하며 나를 찾아 떠나는 글쓰기 여행이 매번 황홀하고 흥미롭다. 글쓰기는 지식이 아니라 삶을 얻는 공부이기 때문이다.

나에 대한 통찰

죽음이 나를 찾아오기 전에 내가 나를 만날 수 있었다면 충만한 인생이다. 글을 쓰고 책도 쓰면서 치열하게 나 자신에게 파고들어 길고도 험난했던 삶의 흔적들을 명확한 문장으로 표현할 수 있다면 답을 찾은 인생이다. 그 누구보다도 힘들고 고통스러운 삶을 살았던 천상병 시인은 자기 삶과 죽음에 대한 통찰을 '아름다운 소풍'이라는 한 구절에 녹여내고 있다.

귀천

나 하늘로 돌아가리라
새벽빛 와 닿으면 스러지는
이슬 더불어 손에 손을 잡고

…

나 하늘로 돌아가리라
아름다운 이 세상 소풍 끝내는 날,
가서, 아름다웠더라고 말하리라

  현재의 삶을 소풍이라고 표현하며, 인생을 하늘에서 잠시 소풍을 온 것으로 비유하는 시인의 마음이 참 아름답다. 극도의 고통으로 얼룩졌을 자신의 인생을 아름답다고 말을 할 수 있는 힘은 어디서 왔을까? 시인의 마음을 관통하고 있는 자기에 대한 통찰에서 오지 않았을까 짐작해보았다. 시인은 하늘로 돌아가는 나를 초연한 자세로 이야기도 하고, 점심을 얻어먹고 배부른 내가 배고팠던 나에게 편지를 쓰기도 했다. 치열하게 글을 쓰면서 버티다 보면 나를 알게 되고 나를 느낄 수 있다. 새로운 나를 발견하여 인생을 놀랍게 변화시키는 것이 글쓰기의 강력한 힘이다.

글쓰기의 힘에 대한 통찰

글쓰기의 힘이 더 많은 노년 인생을 축복으로 이끌었으면 좋겠다. 나이의 함정에 빠지지 않고, 매일 글을 쓰면서 설렘을 느끼며 다시 살기 시작했으면 좋겠다. 글을 쓰기 위해 책을 읽으면 매일 정신적인 삶은 깊어지고 세상을 바라보는 시야는 확장되고, 아름다움에 대한 감정은 섬세해진다. 늙는다는 것에 괜한 초조함에서 해방되어 나이 듦을 경이롭게 바라볼 수 있는 통찰도 얻게 된다. 늙는다는 것, 잘 늙는다는 것에 대해 누군가 내게 묻는다면, 글을 쓰는 힘을 가진 사람은 잘 늙을 수 있다고 분명히 말해주고 싶다.

3단계

온리 원 스토리를 찾아라(Story)

진짜 나의 이야기

책 쓰기를 하면서 내 안에 이토록 많은 이야기가 숨어 있다는 사실에 스스로 놀라웠다. 뭇사람들과 공유하기에는 너무도 어색한 이야기 투성이라서 내 이야기 쓰기를 주저한 순간도 참 많았다. 그러나 내 이야기를 창살 없는 감옥에 가두어놓을 만큼 잘못한 것도 없고 부끄러운 것도 없기에 호기롭게 써 내려갔다. 설령 나의 이야기가 다른 누군가를 만족하게 하거나 공감을 얻지 못한다고 하더라도 아무런 문제가 되지 않는다. 그것은 온몸으로 겪었던 진짜 나의 온리 원 스토리(Only One Story)이기 때문이다.

사람마다 생각이 다르고 사물을 보는 시선에 차이가 생기는 까닭은 살아온 시대와 경험 그리고 생각과 감정이 달라서일 것이다. 그러니 어떤 주제나 소재를 가지고 글을 쓰든 세상에 하나뿐인 창조물이 나올 수밖에 없다. 글을 쓸 때면 자연스럽게 현미경 들여다보듯 나를 탐구하게 된다. 내면에 쌓인 생각과 감정을 놓칠세라 부지런히 쓰다 보면 운 좋게도 참

신한 표현을 만날 때가 있다. 짐작할 수 없었던 마음가짐과 기억해낸 지난 이야기로 인해 희망과 환희뿐만이 아니라 울음을 삼킬 때도 있다. 그리고 내 인생 전체를 휘감아 끌고 왔던 Only One Message를 바로 세우면서 인생 전체를 통째로 바꿀 수 있는 엄청난 힘을 갖게 된다.

설렘과 두려움이 교차하는 순간, 처음

내 생애 첫 책 쓰기, 처음이라는 수식어가 붙는 일, 여태 해보지 않았던 일을 해내기 위해 많은 책을 두리번거린다. 마치 길을 잃은 사람 같지만 헤매다가 길을 찾은 듯 귀한 행적이다. 글을 쓸 때마다 이렇게 쓰면 독자가 어떻게 생각할까? 염려하면서 신경을 쓰게 된다.

어니스트 헤밍웨이는 『노인과 바다』의 도입 부분을 이렇게 시작했다. "그는 멕시코 만류에서 작은 배를 타고 혼자 고기를 잡는 노인이며, 84일이 지나도록 한 마리도 낚지 못했다." 이 부분이 200번 넘게 수정한 문장이었음이 미담처럼 전해지고 있으나, 글쓰기의 본질이 담겨 있기도 하다. 첫 문장에는 그 책의 Only One Message가 고스란히 드러난다. 페달을 밟으며 달리는 자전거처럼 첫 문장은 문단을 이끄는 견인력을 발휘한다. 그래서 첫 문장에 대한 두려움은 힘껏 극복해야 할 대상이 아니라 그저 적당히 품고 가야 하는 건지 모른다. 글쓰기 일부로 여기면서 말이다.

자기 스토리는 어떤 원칙도 없이 자기만의 방식으로 자유롭게 쓰면 되지만 Only One Message가 담기지 않은 스토리는 독자의 마음을 따끈하게 데울 수 없다. 독서 인구는 늘지 않고 작가는 범람하는 21세기에 독자의 선택과 부름을 받을 가능성도 점점 더 희박해질 것이다. 그럼 어떻게 해야 나의 이야기에 온리 원 메시지를 담으며 작가로서 지속할 수 있는 삶을 이어갈 수 있을까.

샘솟는 글감 통로 만들기

1) 문장 낚아채기

작가들의 문체에는 저마다의 향기가 있다. 나는 이기주 작가의 문체가 주는 향기가 참 좋다. 일상사의 모든 것, 어머니가 툭 하고 던진 한마디, 작가의 재킷 안주머니에 넣어둔 어머니의 편지 한 장, 하얗고 빳빳한 종이에 쓰인 "그동안 애썼다, 기주야. 그리고 고맙다."라고 쓴 글이 일으킨 어머니와 자신의 마음에서 피어나는 사색을 가슴 저리도록 써 내려간다. 그래서 이기주 작가의 글에서는 따뜻한 사람 향기가 난다. 그는 어떻게 이런 향기를 지니게 되었을까?

작가는 'LG 그램' 같은 가볍고 얇은 노트북을 창처럼 움켜쥔 채 서점과 서점 근처에 있는 카페를 어슬렁거리며 대화를 채집하고 글감을 수렵한다. 본디 작가는 글의 소재와 문장을 모으는 사람이고, 전혀 표현하지도 짐작도 못 했던 귀한 글귀를 만나면 낚아채 자신만의 저장고에 차곡차곡

넣어둬야 한다고 했다. 집필 과정에 언제든 꺼내 쓸 수 있도록 말이다. 이기주 작가는 참신한 표현이 떠오르면 길을 걷다가도 멈춰 서서 휴대폰 메모 애플리케이션으로 재빨리 낚아채기도 한다.

이기주 작가의 문장 낚아채기를 생활화한 노력을 안다면 함부로 글이 안 써진다고 말할 수 없을 것이다. 글쓰기 교실의 이곳저곳을 기웃기웃 하는 것보다 자기만의 문장 저장고를 차곡차곡 채움이 글쓰기에 날개를 더 빨리 달아줄 수 있을 것이다. 문장 저장고에 쌓아 둔 문장들은 작은 눈덩이와도 같다. 그 눈덩이를 첫 문장 삼아 굴리면 단상(斷想)으로 탄생 하기도 하고 책 한 권이라는 큰 눈덩이가 되어 돌아오기도 한다.

2) 기억이 찾아준 Only One Message

나의 직업은 청소 노동자다. 노동이라는 명사를 꼭 붙이는 이유는 내 가 나에게 노동소득자임을 기억시켜주기 위함이다. 그리고 다른 차원 의 소득자로 이동하겠다는 의지도 함께 담겨 있다. 호기롭게 뛰어든 청 소 현장이지만 마음이 구겨지고 처참해질 때가 자주 있다. 감당하고 싶 지 않은 지저분한 환경 때문에도 그렇지만, 내게 함부로 던지는 사람들 의 말들에 더 많은 상처를 받는다. 그럴 때면 내 기억에 말을 건다. 화가 가 되고 싶었던 기억, 심리학과 영성 신학을 배웠던 기억, 로마의 아름다 운 성당에서 기도했던 기억, 수도자로서 하느님과 함께했던 기억, 자기

계발서들에서 얻은 영감의 기억들로 몸 구석구석에 문신을 새긴다. 그리고 이 기억의 고삐를 틀어쥐고 Only One Message를 글로 쓰겠다고 다짐한다.

3) Only One Story 발견

글쓰기는 비슷한 아픔을 지닌 사람에게 문장을 건네며 말을 걸어보는 일이다. 그 문장을 읽는 이가 기억 밖으로 도망쳤던 일들을 기억해 내면서 치유받고 공감하는 일이다. 문장은 빙산 아래 바닷속에 숨겨진 거대한 자신의 진짜 스토리를 만날 수 있게 하는 힘이 있다. 사회가 말하는 어떤 기준으로 나 자신을 보는 것이 아니라 나의 Only One Story가 어디에 있는지를 꺼내어 쓰는 것은 참으로 중요한 사건이다. 이것의 놀라운 가치를 깨달을 수만 있다면 기적 같은 인생이 시작될 것이다. 기억에 떠다니는 것을 문장으로 쓰다 보면 Only One Message의 중요한 터전을 마련할 수 있다.

글쓰기의 문은 언제 열릴까? 내 마음과 정면으로 마주할 때이다. 마음에는 희로애락이 하나둘 각인된다. 아름다운 무늬만 새겨질까? 그렇지 않다. 고통, 슬픔, 절망, 회한과 후회, 아쉬움, 좌절처럼 어두운 무늬도 사정없이 새겨진다. 그 무늬들이 마음 저 밑바닥에 고스란히 쌓여 있다.

이제 그 밑바닥까지 쓸려 내려간 우리 이야기를 시작해보자. 말이 안 되는 도저히 이해할 수 없을 정도로 서툰 문장일지라도 무조건 글을 써보자. Only One Story와 Only One Message를 잘 버무려 책도 써보자. 그 책이 독자에게 닿아서 비슷한 공감으로 거듭난다면 뜻대로 흘러가지 않았던 우리 삶의 순간들에 한줄기 빛을 던져줄 수 있을 것이다.

4단계

필사하라(Transcription)

모든 인간은 행복해지기 위해서 자기만의 방법을 찾으면서 살아간다. 내가 찾은 방법은 글을 쓰는 것이다. 글을 쓰는 시간이 가장 행복하기에, 행복해지기 위해서 매일 글을 쓴다. 오로지 내 영혼만을 돌보며 책을 읽고, 책 쓰기에 몰두하는 시간에서 하루를 살아갈 동력을 얻는다. 하얀 백지 앞에서 따뜻한 커피를 한 모금 마신 다음 호흡을 가다듬고 글을 쓰는 일에 몰입할 때 타닥, 타다닥~하며 들리는 경쾌한 키보드 소리는 그날의 행복을 여는 일종의 스위치다.

노년의 내적 자기완성의 길

인생 안에는 자기를 초월하는 힘이 있다. 그 힘을 인생에 더하면 성공이 찾아오지만, 그 힘을 빙산 저 밑바닥에 그냥 방치하면 덧없는 인생이 되고 만다. 노년의 길에서 자기를 초월하는 힘은 무엇을 위해 써야 할까? 내적인 자기완성을 위해 써야 한다고 믿으면서 살고 있다.

남편은 어릴 적부터 항상 1등만 했다고 한다. 그의 말이 허풍이 아님을 빛바랜 성적표들이 증명해준다. 내가 학습지 교사 시절에 한국사능력검정시험 1급 자격증을 취득하는 목표를 세웠다. 아이들을 더 잘 지도하고 싶기도 했지만, 학부모들한테 나의 실력을 객관적인 자료로 홍보하기 위해서였다. 그때 남편한테 함께 공부하자고 제안했고, 이에 흔쾌히 동의한 남편은 한자급수시험 1급에 도전했다. 물론 우리 둘 다 자격증 취득을 이루어내었다. 그런데 남편은 이것에 그치지 않고 한자급수시험 특급까지 취득했고, 이어서 사서오경을 독파했다. 지금은 대학원 한문학과 진학을 목표로 컴퓨터를 배우고 있다. 남편의 배움에 대한 열정은 매일 최선을 다해서 사는 성실함으로 표현되고 있다. 그리고 자투리 시간마저도 놓치지 않으려는 시간에 대한 치열한 노력을 통해 내적인 자기완성의 길을 걸어가고 있다.

노년에 자기완성의 길을 향해 사는 사람들의 모습은 참 아름답다. 다석 유영모 선생은 노년에 북한산 자락에 집을 짓고 성경을 보며 매일의 명상 기록인 다석일지를 썼다. 실버타운 안에서 매일 불경을 필사하는 노인도 있다. 또 매일 성경을 공책에 또박또박 적는 분도 있다. 글을 쓰는 작가뿐만이 아니라 인간은 누구나 진정한 자기완성을 찾기 위해서는 자기만의 리듬을 잃지 않는 노력이 필요하다. 노년에는 세상과 적당한 거리를 두고 현실의 세상보다 더 가까워진 영원의 진리를 공부하면서 자기완성을 향해 살아갈 의식적인 선택이 필요하다.

노년에 만난 든든한 친구, 글쓰기

우리에겐 마음 깊은 곳까지 묵직하게 쌓여 있을 삶의 찌꺼기들을 바닥채로 끄집어낼 수 있게 해주는 진정한 친구가 필요하다. 그런데 그런 친구를 만난다는 건 어려운 일이다. 특히나 노년에는 더욱 그러하다. 나를 마음껏 내어놓을 수 있는 환경 중에 최고는 바로 글쓰기이다. 남의 시선을 의식하지 않고 자기 이야기를 마음껏 쓰다 보면 자신도 모르는 무의식이 자아를 뚫고 나오는 순간이 온다. 여기서 더 진일보(進一步)하여 창작하는 기쁨과 의미를 발견하는 글쓰기 습관을 장착할 수만 있다면 든든한 친구를 만난 것이다. 글쓰기가 노년의 삶을 얼마나 즐겁게 하는지 느낄 수 있는 행운을 얻었으니 축하받을 일이다.

책을 잘 쓰기 위한 터전 : 필사

우리 내면에서 쉼 없이 글이 나올 수 있으려면 입력된 정보가 많이 있어야 한다. 그동안 글쓰기에 관심이 없었다면 더욱더 정보를 내면에 많이 저장해야 한다. 정보를 입력하지도 않은 상태에서 자꾸만 정보를 끄집어내려 하면 글을 쓰는 행복의 문을 열기도 전에 재능의 한계와 무력감에 지쳐 중도에서 포기하게 된다.

글을 잘 쓰기 위해서 입력하는 정보 중에 으뜸은 바로 필사다. 필사는 말 그대로 책을 손으로 베껴 쓰는 것을 말한다. 책을 눈으로만 읽고 끝내지 않고, 책 한 권을 통째로 전체 필사하거나, 마음에 깊게 스며든 문장을 뽑아 부분 필사를 할 수 있다. 필사를 통해 글을 잘 쓰는 능력을 갖출 수 있을까? 물론 그렇다. 김시현의 『필사 쓰는 대로 인생이 된다』에는 필사가 위대한 창작자들의 터전이 되었음이 잘 써 있다. "모차르트는 헨델의 악보를 베끼다가 작곡가가 되었고, 팝 아트의 거장 리히텐슈타인은 만화책을 베끼다 현대 미술가가 되었고, 안도 다다오는 르 코르뷔지에의 도면을 베끼다가 건축가가 되었다." 이들의 베껴 쓰기의 위대한 행보를 토대로 김시현 작가는 다음과 같은 글을 책 속에 담았다. "100번 악보를 베끼지 않고 작곡가가 될 생각을 하지 말아야 하고, 100권의 책을 베껴 쓰지 않고 작가가 될 생각은 하지 말아야 한다."

유명 작가들의 책을 그대로 베껴 쓰다 보면 점차 글쓰기 내공이 퇴적물처럼 쌓여 자신의 고유한 문체를 만드는 방법을 깨닫게 된다. 머릿속에 떠도는 생각과 감정을 자신만의 문체로 낚아채서 독자가 분명히 이해할 수 있는 언어로 펼쳐낼 수 있는 능력을 갖추게 된다. 글감을 찾고 문장을 엮는 방법을 자신도 모르는 사이에 조금씩 터득할 수도 있다. 글쓰기는 정답이 없는 세계이지만 정말 글을 잘 쓰고 싶다면 하얀 백지를 검게 물들이면서 필사를 꼭 해보자. 필사로 다져진 글쓰기 기본기야말로 명확한 주제로 촘촘히 문장을 엮어갈 수 있는 필력의 바탕을 마련해줄 것이다.

책을 잘 쓰기 위한 필사의 활용

1) 반복해서 읽기

책의 마지막 장을 덮는 순간 대부분 내용을 잊어버리기 마련인데, 필사를 해두면 감명 깊었던 부분을 훨씬 오랫동안 기억 속에 저장해둘 수 있다. 감동과 깨달음을 준 좋은 글을 내 손으로 베껴 쓰기에 그치지 말고 반복해서 읽어보자. 한자씩 써놓은 글들을 몇 번이고 읽다 보면 내 생각을 끌어낼 수 있는 마중물 역할을 한다. 새롭게 움튼 생각이 튼튼하게 자라서 사고의 폭과 깊이를 자연스럽게 확장해가며 글의 깊이를 더해줄 것이다. 반복해 읽으면서 변하는 생각들을 필사 옆자리에 써놓으면 자아의 움직임을 눈으로 확인할 수도 있다.

2) 목적이 있는 필사

쓰고자 하는 책이나 관심 분야의 주제가 있으면 그 주제와 연관된 여러 권의 책을 동시에 필사해보자. 어떤 것을 얻을지에 대한 목표를 정확히 먼저 생각하고 필사하는 것이다. 책에는 저자의 생각과 관점이 녹아 있다. 동시 필사는 여러 작가로부터 조금씩 얻어내는 지혜로부터 연결점을 찾게 되고, 이것을 바탕으로 나만의 생각과 관점을 다시 창조할 수 있다. 꾸준히 계속해서 필사하다 보면 언젠가는 마음에 드는 글뿐만이 아니라 책도 충분히 쓸 수 있다.

노년이지만 책 쓰기든, 삶의 영역에서든 여전히 꽤 많은 것이 가능하다. 세월로 헐려서 무너진 자리만 보지 말고 언제든 다시 시작할 수 있는 노력의 땅에 용기 있게 들어가보자. 어떤 분야에 재능을 타고난 사람은 극소수에 불과하다. 일반 사람들이 재능을 타고났다고 생각하는 사람들도 알고 보면 피눈물 나는 노력으로 그런 경지에 도달해 있는 경우가 대부분이다. 그래서 우리는 타고난 사람을 부러워하지 말고 끊임없이 노력하는 사람을 부러워해야 할 것이다. 필사야말로 언젠가 내 글이, 내 책이 빛이 쏟아지는 곳에 닿으리라 믿으며…, 부단히 노력하는 무념의 글쓰기 도구이다.

5단계

마음을 열어라(Opening Mind)

내 마음과 씨름하다

하느님이 보낸 어떤 분과 밤새도록 씨름을 벌였던 성서적 인물이 있으니 그가 바로 야곱이다. 창세기 32장 27절, "그분은 동이 밝아 오니 이제는 그만 놓으라고 했지만, 야곱은 자기에게 복을 빌어 주지 않으면 놓아드릴 수 없다고 떼를 썼다."라는 장면은 내 생애 첫 책 쓰기 여정을 떠날 때부터 지금까지 나를 지켜주었다. 그 어떤 분은 야곱에게 다음과 같이 말하면서 복을 빌어주었다. 창세기 32장 29절, "너는 하느님과 겨루어냈고 사람과도 겨루어 이긴 사람이다. 그러니 다시는 너를 야곱이라 하지 말고 이스라엘이라 하여라." 야곱은 자신의 이름이 바뀔 정도로 간절히 매달렸다. 야곱의 씨름에 대한 명상을 줄곧 하게 된 까닭은 글쓰기 · 책 쓰기를 통해 마음의 질적 변화가 일어날 정도로 내 마음과 씨름하고 싶었기 때문이다.

마음을 사용하지 않고 할 수 있는 일이 한 가지라도 있을까? 삶에서 마음은 가장 중심적인 역할을 한다. 그런데도 운동으로 몸을 건강하게 만드는 것은 당연시하면서도 마음 챙김은 뒷전으로 미뤄두는 경향이 있다. 우리의 존재는 마음을 통해 인생의 대부분을 경험하게 된다. 삶의 기쁨이든, 슬픔이든, 현재의 모든 순간을 말이다. 그런데 내 마음을 내 마음대로 하지 못하고 사는 것이 실제의 우리 모습이다. 내 마음을 내 마음대로 해보는 연습이 바로 명상이다.

글쓰기와 명상

나는 나 자신 그 자체이다. 그런데도 보편적으로 자기 자신에 대해 잘 알지 못한다. 심지어 자기 생각이 아닌 남의 생각으로 인생을 가득 채우고 살아가기도 한다. 남에게 배우는 것만으로는 절대로 진정한 나를 만날 수가 없다. 그보다는 자신에게 깊은 물음을 던져야만 갑옷을 벗듯 나는 나 자신에게 모습을 드러낸다. '나는 누구일까?', '나는 어디로 가는 것일까?', '지금의 내가 최선이고 전부일까?', '왜 내 뜻대로 살아지지 않을까?' 이러한 물음에 주의를 집중하면 내면에 갇혀 있던 마음이 조금씩 실체를 드러낸다. 그런데 이렇게 나를 마음으로만 보는 게 아니라 문자라는 수단을 통해 선명히 드러내는 행위가 있으니 그것이 바로 글쓰기다. 마음에 초점을 고정하고 글로 풀어내며 나를 알아가는 것이기에 글쓰기는 명상과 같은 과정을 겪는다. 정녕 글쓰기에 완전히 집중할 수만 있다면 생각의 심장부를 뚫고 들어가 진짜 마음을 보고 느낄 수 있는 명상의 문이 열린다.

명상의 본질

명상은 그저 매일 일정 시간 한자리에 앉아 있는 것이 전부가 아니다. 명상이란 주의를 집중해 오직 지금, 이 순간에 존재하는 마음의 훈련이다. 지금, 이 순간에 존재한다고 함은 지금 펼쳐지는 삶을 생생하게 직접 경험하는 것을 의미한다.

명상 중에 마음을 통제하려 들지 말고 마음 가는 대로 내버려두다 보면 어느 순간 정신이 갑자기 맑아지며 불꽃과도 같은 어떤 생각이 머리에 떠오른다. 그 첫 생각에 불을 활활 붙이면 된다. 이 불꽃은 엄청난 에너지를 가진 잠재력과 맞닿아 있다. 이러한 명상의 일련의 과정을 반복하면 좀처럼 열 수 없던 마음의 문이 활짝 열린다.

첫 생각

명상은 마음의 문을 열어 삶을 바꿀 잠재력을 깨우는 놀라운 기술이다. 마음의 문이 열리면 의식 차원을 넘어선 글을 쓸 수 있다. 글쓰기를 가로막던 의식의 짐을 벗어 던지면 자신이 알던 것보다 더 큰 존재로 변하여 진짜 자기 이야기를 쓸 수 있는 에너지와 연결된다. 생생하고 힘찬 에너지의 흐름을 계속 타기 위해서는 첫 생각을 놓치지 않는 훈련을 해야 한다. 첫 생각을 붙잡고 써 내려간 글은 현재에 존재하는 나를 세상에 드러낸 것이다. 그리고 글을 쓸 때 어떠한 제한도 두지 말고 그저 많은 글을 쓰겠다는 마음의 여유를 가지고 매일 달리기하듯 글을 써보자.

글쓰기도 훈련을 통해서만 실력을 쌓을 수 있다. 나탈리 골드버그가 정한 글쓰기 훈련법은 한 달에 노트 한 권을 채우는 것이었다. 그냥 노트 전체를 빽빽하게 채워버리면 그만이었다고 했으나, 이것만으로는 충분하지 않다. 계속해서 비료가 될 만한 글감을 수집하고, 저장하고, 기름지게 만들어야 한다. 그 비료가 글을 쓰는 데에 필요한 터전을 비옥하게 만들기 때문이다.

명상과 글쓰기가 여는 마음 길

우리 모두에게 가장 힘든 일은 무엇일까? 늙고 병들어 죽는 것일까. 그렇지 않다. 긴 세월을 살았음에도 나 자신을 알아보지 못하고 내 마음의 문을 열지 못하는 것이다. 노년은 비극적 운명도 아니고, 쇠퇴하는 것만도 아님을 깨달은 노년을 발견할 수 있도록 마음을 열어야 한다. 시간이라는 배에 올라타 늙어가고 있지만 무한한 가능성이 여전히 열려 있음에 대해 이해하고 자각할 수 있어야 한다. 나는 늙었다고 느끼진 않지만, 삶이 위축되는 어쩔 수 없는 순간이 찾아오면 글쓰기 명상을 한다. 초연함을, 평정함을 느끼며 그 순간에 존재하는 나를 느끼려 하면서 글을 쓴다. 도돌이표처럼 명상의 훈련을 거듭하면서 견딜 때 글은 깊어지고 단단해진다. 삶에서 원하는 어떤 변화든 실현될 가능성도 훨씬 커진다.

명상은 남이 알려준다고 해서 단번에 터득할 수 있는 길이 아니다. 분주하게 다른 곳을 향하던 눈을 돌려 마음을 뚫어지게 응시하는 노력을 스스로 쌓아야만 깨칠 수 있는 길이다. 명상은 마음 문을 하나씩 열어가는 길이기도 하다.

글쓰기는 그냥 쓰고 싶은 대로 쓰다 보면 우리 인생을 어떤 때에 자연스럽게 어떤 길로 이끌어갈 것이다. 이 길은 꾸준히, 즐기면서 마음껏 글을 쓴 사람들에게만 열린다. 그런데 글쓰기로 그 무엇이 되려고 생각하면 그 순간부터 힘들고 어려워진다. 그러니 우선 글을 내 삶의 일부려니 생각하고 든든한 친구에게 이야기하듯 내 이야기를 써보자. 그렇게 하면 글쓰기 실력은 자연스럽게 성장해갈 것이다.

6단계

기억을 소환하라(Recall)

노년과 기억의 쇠퇴

우리는 기억이 인간다운 삶을 경험하는 데 얼마나 핵심적인 역할을 하는지 잘 알고 있다. 기억은 내가 나로서 임무를 수행하고, 나로서 존재하기 위해 정말로 필요하다. 다양한 영역에서 존재감을 발휘하고 있음에도 기억은 완벽하지 않다. 일례로 나이가 들면 말하려고 하는 단어가 혀끝에서 빙빙 맴돌면서 입 밖으로 표현되지 않는 일이 잦다. 게다가 핸드폰과 안경, 자동차 열쇠 같은 물건을 자주 잃어버리기 시작하면 두려움이 엄습한다. '이러다가 내가 나를 잃어버리면 어쩌지?' 당연히 생각만 해도 몸서리쳐지는 일이다. 그러나 간혹 기억이 제 기능을 원활히 못 한다고 하더라도 기억체계가 나이 들어가는 신호일 뿐 반드시 질병의 신호는 아니니 그다지 불안에 떨 일은 아니다. 그리고 기억을 저장하는 방법에 대한 학습과 반복훈련을 거치면 건망증 때문에 발생하는 당황스러운 상황을 다소 예방할 수 있다. 물론 기억력에 문제가 생기는 알츠하이머병 같은 질환에 걸리지 않았으면 말이다.

기억에 대해 명상하던 중에 우연히 읽게 된 책이 있다. 그 책은 클레멘스 쿠비의 『다음 차원으로의 여행』이다. 저자는 어느 날 91세 된 어머니가 돌아가시기 전에, 살면서 충족되지 못한 어머니의 갈망에 대해 많은 이야기를 나눈다. 저자가 그의 어머니에게 했던 여러 측면의 질문 중에 다음의 질문을 나에게도 하고 싶어 적어본다. '다시 젊은 시절로 돌아간다면 무엇을 하고 싶은가요?' 이 질문에 대한 각자의 대답에는 삶의 어떤 방식에 집착하고 있는지 잘 보여주는 증거가 되기에 매우 중요하다. 나는 다시 젊은 시절로 돌아간다면 미술학과나 의상디자인학과에 진학하고 싶다. 미술용 앞치마에 알록달록한 물감을 잔뜩 묻히고 내 마음 세계를 멋지게 그리고 싶다. 또는 내가 그린 의상 크로키를 토대로 만든 옷을 입고 졸업작품 패션쇼에서 당당하게 걸어보고 싶다. 지금도 여전히 설렘을 일으키는 간절한 갈망은 왜 현실이 되지 못했을까? 무엇보다도 갈망을 현실로 만들어낼 만큼 단련된 의식과 몰입의 시간이 부족했다. 그리고 우여곡절이 많고도 많았던 가족사도 갈망을 좌절시키는 장벽을 만드는 데 크게 한몫했다.

나이와 무관하게, 기억 어딘가가 사라지는 것은 인간 기억의 자연스러운 부분이다. 그리고 우리가 나이 들어갈수록 우리의 기억이 늙는 것도 사실이다. 그렇다면 노년에는 무엇을, 어떻게 기억해야 행복하게 살 수 있을까?

고달픈 사연을 갖지 않게 갈망을 기억하라

어린 시절부터 나의 꿈은 화가가 되는 것이었다. 하늘에 떠 있는 구름을 보면 온갖 이미지가 보였다. 한때 구름을 그리는 화가가 되고 싶어질 정도였다. 그런데 현재 나는 화가가 되지 못했고 그림을 그리지도 않고 있다. 화가가 되고 싶었던 나의 갈망은 갈망으로만 머물러 과거 속 시간에 멈춘 채 굳어버린 고달픈 사연으로 남아 있다. 그 고달픈 사연을 현명하게 보살피고 풀어낼 수 있는 것이 바로 기억이다. 과거에 하고 싶었지만 포기한 일을 기억해 내서 새로운 시작으로 개척할 때 서러운 사연 뒤에 숨어 있던 아쉬움이 눈 녹듯 사라진다. 해야만 하는 일보다 하고 싶지만 계속 미뤄둔 일들, 그때 했으면 좋았을 일을 기억해보자. 이미 다 놓쳐버린 것들이지만 아직 할 수 있는 시간이 남아 있음을 또한 기억하면서 창의성을 마음껏 발휘하면서 노년을 살아보자.

나는 내 손으로 만드는 창작에 대한 갈망을 다시금 기억해 내어 글로 마음 그림을 그리며 새로운 행복을 만들어가고 있다. 갈망을 과거에 묻어두지 않고 지금, 이 순간에 꺼내 다음 차원으로의 인생 길목에 서 있는 기분이 참 신선하고 설렌다. 글을 쓸 때마다 즐거운 마음이 들어 노년에 접어들면서 느껴지던 막연한 불안감 같은 것이 말끔히 사라졌다. '책 한 권 쓴다고 뭐가 달라지겠어?' 하며 자꾸만 불가능의 방어벽을 쌓아버리는 자아의 목소리와 고된 싸움을 벌이고 있지만 말이다. 글을 쓰고 책도 쓰면서 노년이라는 것이 얼마나 안락하고 즐거운 것인지 깨달아가고 있으니 글쓰기·책 쓰기에 매료되지 않을 수 없다.

노년에 노년다움을 기억하라

나이 듦은 어느 날 갑자기 이루어지는 일이 아니고 온 생애에 걸쳐 서서히 다가오는 일이다. 그러하기에 모든 사람은 얼마 후면 닥칠 노년이라는 공통된 짐을 지면서 살아가고 있다. 고대의 노인은 지혜의 상징이었지만, 근대 이후에는 별로 달가워하지 않는 존재로 추락하고 말았다. 원숙함과 여유가 가득해야 할 노년이, 늘어난 수명으로 인해 치열한 생존과의 싸움을 벌여야 할 위기에 처해 있을 뿐만 아니라 존경이 아닌 비아냥의 대상이 되기 일쑤이다. 왜 사람들은 늙음을 그토록 불편하게 여기고, 왜 노인들은 자신의 늙음을 그리도 짐스럽게 여기고 숨기고 싶어 하는 것일까?

노년에 대한 이러한 부담스러운 물음에 키케로는 『노년에 대하여』에서 속 깊은 개념으로 답을 하고 있다. 키케로는 노년에 더 이상 내 것이 아닌 젊은 날을 기억하지 말고 지금의 나 자신을 기억하며 잘 다스릴 때 노년의 노년다움이 빛을 발하며 행복해질 수 있다고 했다. 자신의 늙음을 패배와 불행으로 여기지 않는 노인, 자기 삶의 의미를 개척할 수 있는 노인에게는 노인이 된다는 것이 짐스럽다기보다 오히려 즐거운 일이다!

매일 새로운 것을 배우면서 하루하루 늙어가는 것은 어떨까? 노년에 맞서는 최고의 무기는 배움이다. 가난해서, 혹은 여자라서 글을 배우지 못했던 순천 할머니들이 순천시립 그림책 도서관에서 진행한 수업을 통해 뒤늦게 한글과 그림을 배워 생애 첫 전시회를 열었다. 88세 할머니가 영어에 도전하고, 99세에 독학으로 피아노를 배우고, 운동 영상을 보면서 70세에 몸짱이 되어 시간을 거꾸로 사는 노인도 있다. 나 역시 책 쓰기를 차곡차곡 배우며 내 생애 첫 책 쓰기를 하면서 보람되게 늙어가고 있다.

노인의 소외는 노년기뿐만 아니라 인생의 모든 계절을 부패하게 만든다. 내가 나의 존재를 소외시키는 것이 가장 절망적인 소외다. '나는 무엇을 해야 할까?', '나의 갈망은 무엇일까?'라는 질문에 대한 답을 포기하지 않고 여전히 찾는 것이 나다움 · 노년다움을 회복하는 길이다. 분명 스스로 깨달아야 하는데 결코 쉬운 일은 아니다. 이때 도움을 줄 수 있는 것이 바로 글쓰기다. 글쓰기가 당신에게 나다움 · 노년다움을 찾는 마법을 부릴 수 있는 시간을 허락하자. 이것도 글일까? 하는 의문이 들 정도의 미숙한 글일지라도 하얀 백지 위에 담담하게 써 내려가보자. 하루, 이틀, 사흘…, 글쓰기 시간이 쌓이면 나만의 Only One Story를 만나게 되어 노년을 불행으로 여기지 않는 것이 과연 무엇인지 조금씩 깨달아갈 것이다.

실제로 경험할 수 없는 죽음을 기억하라

대부분 보통 사람은 죽음이 누구나 겪게 되는 현실임에도, 자신에게 닥치지 않았다는 이유로 의미를 두지 않고 살아간다. 그러나 그 누구도 피해 갈 수 없는 죽음이 닥칠 날이 머지않았다는 것을 기억해야 한다.

피타고라스는 죽은 후에는 영원불멸함이 이어지기 때문에 슬퍼할 이유가 없다고 생각했다. 키케로는 죽음의 날을 혼탁한 속세를 떠나 신성한 영혼들이 모여 있는 하늘로 떠나는 날이라고 했다. 실제로 경험할 수 없는 죽음에 대한 명상은 사람마다 다소 다르겠지만 죽음을 개의치 않고 살 수 있는 사람은 그다지 많지 않을 것이다. 사실 죽음을 곱게 받아들이기는 쉬운 일이 아니다.

톨스토이는 죽음을 두려워하던 작가였다고 한다. 그의 두려움은 『이반 일리치의 죽음』에 잘 반영되어 있다. '삶이 있었는데 지금은 떠나가고 있어. 근데 나는 그걸 붙잡을 수 없어. 내가 없어지면 뭐가 될까? 아무것도 안 될 거야. 정녕 죽어야 한단 말인가? 아니야, 그럴 수는 없어.' 그런데 죽음에 대한 극도의 두려움 속에 떨고 있던 이반은 마지막, 최후의 순간에 그 혹독했던 죽음에 대한 두려움이 사라지면서 '죽음을 향해 나아가는 존재가 이런 것이구나.' 하고 깨닫는다. 그리고 어느 순간 이반 일리치는 큰 소리로 말했다. '이렇게 좋을 수가!' 이반은 도대체 죽음에 대해서 무엇을 깨달은 것일까? 과연 무엇이 이반을 죽음에 대한 두려움에서 구원했을까? 그것은 이 세상에 존재하는 모든 것, 모든 순간을 느끼고 누릴 수 있는 각자의 감각의 일깨움만이 알 것이다. 죽음은 인생을 최종적으로 완성하는 과정이 될 것임은 분명하다.

죽음의 순간에 이반처럼 직관적인 깨달음을 얻기 위해서는 하루살이가 아닌 영원을 향한 배움이 될 글을 몇 줄만이라도 매일매일 읽으면서 마음의 깊이를 가꾸어야 한다. 그리고 그 글과 부딪히는 마음을 문장에 담아가는 습관을 지닌 사람이라면 죽음의 순간을 충분히 느끼고 감사하면서 다음 차원으로의 여행을 홀가분하게 떠날 수 있지 않을까! 생각해 본다.

모든 행복이 자기 안에 있음을 기억하라

우리 삶은 불완전하기에 더욱 애틋하지만, 자기답게 사는 것이 미흡한 삶은 결코 눈부실 수 없다. 오히려 노년을 두려움의 온상지로 만들어버릴 수 있다. 자기답게 산다는 것은 나로 나이 든다는 것이고, 나 자신과 접촉하며 사는 것이다. 자신이 누구인지, 무엇을 지향하고 무엇에 가치를 두는지 등을 성찰하며 통합적인 정체성 속에서 살아낸 사람은 즐겁고 행복한 노년을 지켜낼 수 있는 근원을 가졌다.

저자 김열규는 『노년의 즐거움』에서 생의 마지막까지 한 치의 부족함도 없이 아름다워야 함을 토로하고 있다. "그렇게 황홀할 수가 없다. 그렇기에 황혼은 황홀하다. 너무나 아름답다. 마음에 사무치게 곱고 야무지다. 우리 인생의 황혼도 황홀할 수 있다. 그래야 한다."라는 글 앞에서 내 가슴이 뛰고 또 뛴다.

나와 함께 걷는 다음 차원으로의 여행

노년의 삶은 무엇을 기억하느냐에 따라 정말 많이 달라진다. 나는 죽음을 마지막이 아니라 다음 차원으로의 여행으로 이어지는 생명의 연속선상의 과정으로 기억하면서 살고 있다. 이 세상을 떠나 다음 세상으로 갈 때 함께 갈 수 있는 이는 아무도 없다. 실제 걸어보면 끝도 없이 먼 길일까? 한눈에도 험해 보이는 산, 산 하나 넘으면 또 산이 나올까? 길 가다 길을 잃으면 물어볼 사람은 있을까? 없어도 괜찮다. 나는 나와 함께 걸어갈 것이기 때문이다.

박노해 시인은 그의 시 「내가 사랑하는 이유」에서 "나 자신을 탐험하고 마주하는 것, 그 하나를 살지 못하면 내 생의 모든 수고와 발걸음은 다 덧없고 허무한 길이다."라고 했다. 맞다. 죽음이 올 때까지 끝끝내 나를 모른다고 하는 인생은 덧없이 살다 가는 인생이다.

노년에 가장 기억해야 할 일은 '어떻게 하면 나를 만나면서 아낌없이 사는가?'라는 물음이다. 이제는 남에 의해 좌우되는 시간은 남겨두지 말자. 수천 겹의 마음과 생각을 하나하나 풀어 글에 담으면서 나에게로의 여행을 시작하자. 그래야 한다. 한 문장의 서두를 시작하고 그 문장을 마무리 지으면서 나를 영글게 하는 거름을 주자. 새로운 세상과 경험을 하얀 백지 위에 써넣기 위해 궁리하는 노년의 일상은 꿈을 꾸면서 죽음으로 나아갈 수 있는 마음의 지평을 마련해줄 것이다. 글을 쓰면서 끝없이 수정되고 더없이 깊어지는 노년의 기억은 마침내 아름다운 인생을 만들어가는 힘을 갖게 한다. 어떤 순간에도 나는 끝내 나 자신일 거라는 기억은 죽음이 오히려 축복일 수 있음을 깨닫는 눈부신 인생을 살게 한다.

7단계

창조된 청춘을 살아라(Youth)

우리나라 정서상 늙음이나 죽음은 쇠퇴나 종말, 모든 것의 끝을 의미한다. 노년의 삶은 청춘의 삶처럼 계속 이어지고 있음에도 불구하고, 노인들에게는 꿈과 이상, 도전, 가능성, 비전과 같은 말보다는 은퇴, 질병, 상실, 치매, 죽음과 같은 말들이 삶에 곁가지를 단단히 틀고 있다. 그래서일까? 너나 할 것 없이 노년기를 은근히 두려워한다.

노년에 대한 두려움의 근원

20세기 최고의 연주자인 첼리스트 파블로 카잘스에게 어느 날 한 기자가 질문했다. "역사상 가장 위대한 첼리스트이신 선생님께서 아직도 하루에 6시간씩 연습한다는데, 이유가 무엇입니까?" 카잘스는 이렇게 대답했다. "95세인 지금도 연습을 통해 조금씩 나아지고 있다네." 카잘스는 자기 삶과 관련된 소중한 믿음, 즉 어떤 나이대에서든 스스로 나아지고 꽃필 수 있다는 믿음을 잃지 않으면서 살았다. 그는 분명히 노년에 대한 두려움의 위기를 모르고 살았으리라. 카잘스가 지녔던 믿음의 삶으로 다시 떠오르기 위해서는 노년에 대한 세상의 말의 감옥에서 당당히 걸어 나와야 한다.

'나이 든 사람이 뭘 할 수 있겠는가? 얼마 남지 않은 시간을 그럭저럭 보내다 죽는 게 노인이지 않은가?'와 같은 세상이 만들어놓은 말 안에 갇혀 노년 세월을 보내서는 안 된다. 노년에 대한 왜곡된 말은 너무도 오랜 세월 동안 축적되었기에 노인들이 자신의 늙음을 긍정적으로 받아들이는 것은 쉽지 않다.

소설로 엿본 노인에 대한 왜곡된 프레임

베르나르 베르베르의 소설집 『나무』에 「황혼의 반란」이라는 단편이 있다. 간략히 소개해보면 다음과 같다. 초고령 사회가 된 프랑스에서 노인 배척 운동이 일어난다. 학자들은 TV에 나와서 사회보장 적자는 노인들 때문이라고 외친다. 대통령은 신년 담화에서 "노인들을 불사의 로봇으로 만들 수는 없다."라고 선언한다. 곧바로 노인들에 대한 약값과 치료비 지급이 제한되고 노인복지에 대한 예산도 대폭으로 삭감된다. 의사들은 마구잡이식의 생명 연장이 문제라며 노인들에게 약을 쉽게 처방해주지 않을 뿐만 아니라 정부에서는 노인들을 '휴식 평화 안락 센터'에 붙잡아 가두고 독극물 주사를 놓아 죽인다. 이 소설의 주인공인 70대 프레드는 센터로 끌려가기 전 탈출에 성공하여 다른 노인들과 산속에 들어가 반정부

투쟁을 벌인다. 시간이 지날수록 이들을 찾아오는 노인들이 많아지자, 정부에서는 노인들이 면역력에 약하다는 데 주목해 독감 바이러스를 퍼트린다. 노인들은 독감에 걸려 하나둘 죽어갔다. 결국 프레드마저 '휴식 평화 안락 센터'에 끌려가 안락사당한다. 그는 죽어가며 "너도 언젠가 늙은이가 될 게다."라고 말한다.

소설은 어디까지나 소설일 뿐이다. 그런데 굳이 이런 충격적인 픽션을 이 장에 쓴 이유는 노인에 대한 사회의 잘못된 프레임에 갇혀 힘든 노후를 보내고 있지는 않은지 함께 생각해보고 싶었기 때문이다.

노인에 대한 '말'의 함정

세상은 노인을 무능력하고 보수적이고 공허하고 외롭고 비생산적인 늙은이로만 바라보는 경향이 있다고 해도 지나친 말은 아닐 것이다. 노인에 대한 무지와 몰이해는 노인에게 또 하나의 형벌이 된다. 그런데 정말 그럴까? 노인은 시간을 죽이듯 허비하는 사람일까? 당신은 혹시 노년에 대한 세상의 부정적인 말의 함정에 빠져 동일화되어 있지 않은가? 노인이 되어버린 당신은 어떤 가치를 창조하는 행위도, 새로운 희망도 꿈꿀 수 없다고 미리 생각해버리며 살고 있지는 않은가? 그래서 특별한 소일거리도 없이, 취미도 없이 노인정을 들락거리고, 온종일 TV를 보거나, 매일같이 등산으로 소일하는 노인으로 하루하루를 허비하듯 보내고 있지는 않은가?

　세상의 말은 노인들의 마음 상태에 심각한 결함을 만들어놓았다. 그저 나이가 많고 죽음만이 남은 운명이 노년 인생의 진실인 듯한 허구의 자아 인식을 만들어놓은 것이다. 더 늦기 전에, 이런 망가진 마음 구조를 향해 반란을 일으켜야 한다. 노인을 배척하는 세상과 정부를 상대로 반란을 일으켰던 프레드와 그와 함께한 노인들처럼 말이다.

스무 살 늙은이, 여든 살 청춘

　젊음 안에서 노년의 삶을 바라보는 것과 스스로 노년이 되어 자기 삶을 이해하는 방식은 참 다르다. 그리고 자신이 노년인지 아닌지를 스스로 받아들이는 과정 또한 매우 다르다. 세상에 존재하는 것치고 시간의 흐름을 거스를 수 있는 것은 하나도 없기에 나 또한 60살이라는 노년의 길 위에 서 있다. 60살이라는 나이가 주는 중압감은 참 컸다. 겪어보지 못한 노년의 시간을 잘 견디며 살 수 있을까? 매우 불안했다. 봄날과도 같은 젊은 시절을 되돌아보며 '왜 그렇게밖에 살 수 없었을까?' 하며 안타까움에 가슴을 치기도 했다. 다행스럽게도 노년의 첫 길목에서 글쓰기·책 쓰기를 만났다. 책 쓰기를 하면서 노년의 가치를 뿌리부터 탐구하기 시작했다. 책을 쓰면서 노년은 신체적으로 퇴화할 수밖에 없지만, 정신적으로도 같게 퇴화가 진행되는 것이 아니라는 것을 마음 깊이 깨달을 수 있었다. 또한 젊은 시절에 이룰 수 없었던 꿈을 노년에 멋지게 성취한 노인들의 다양한 삶을 만날 수 있었고, 노년 인생의 엄청난 가능성을 볼 수 있었다.

이천시 노인복지관에서 자서전 쓰기 프로젝트를 개최했는데, 거기 참여한 강옥희 할머니(72세)의 말씀이 가슴 저리게 남는다. "늙으니까 건강하게 살아서 자식들에게 부담 안 주고 뒷바라지해줘야겠다고 생각했다. 그런데 자서전을 쓰면서 늙었다고 꿈을 포기하면 안 되겠다고 생각했다. 가족도 있지만 내 인생도 살아야 한다고 생각했다."

할머니의 이 말씀이 이 책을 쓴 이유이고 이 책의 결론이다. 우리는 늙음은 굽은 등, 흰머리, 주름 등의 말로만 표현되는 노년의 함정에서 깨어나야 한다. 아직 우리에게 힘이 있다는 사실을 알아야 한다. 물론 그 힘이 10대나 20대에 갖고 있던 힘과는 다르게 느껴질 수도 있다. 우리 노인들의 힘은 우리 자신을 잘 알고 소중히 여기는 데서 오는 힘이다.

자기 잠재력을 발견하지 못하고 매사에 무기력한 모습에 아무것도 시도하지 않는 스무살 젊은이를 과연 청춘이라고 할 수 있을까? 캐나다 온타리오주 토론토의 요크대학에서 최고령으로 석사 졸업장을 취득한 스리랑카 출신 87세 샨무가나탄 할머니를 청춘이라고 말하지 않을 수 있을까? 늙음은 몸이 아니라 마음에서부터 시작됨을 기억하자.

사무엘 울만의 시(詩), 「청춘」을 가져와 내 마음을 담아 본다.

청춘이란 인생의 어느 한 시기가 아닌
사람의 마음가짐을 뜻한다네
...

청춘이란 두려움을 이기는 용기
안이함을 뿌리치는 모험심
그리고 탁월한 정신력을 뜻한다네
때로는 예순 살 노인이 스무 살 청년보다 더 청춘일 수 있다네

세월이 흐른다고 늙는 것이 아니라
이상을 잃어버릴 때 늙는 것이라네
세월은 피부에 주름을 새기지만
열정으로 채워진 마음을 시들게 하지는 못한다네
...

그대의 가슴속에 그리고 나의 가슴 속에는 마음의 안테나가 있어
인간과 신으로부터 아름다움과 희망, 기쁨, 용기, 힘의 영감을 받는 한
우리는 언제나 청춘일 수 있다네
...

그대 가슴 속에 안테나가 무너지고

정신이 냉소와 비관의 눈으로 덮일 때

그대가 비록 스무 살이라고 하더라도 노인이지만,

가슴 속 안테나를 높이 세우고 희망을 품고 있는 한

그대가 비록 여든 살이라도 죽을 때까지 청춘이라네

청춘은 깨달음의 밝은 순간을 향해 계속 나아가는 힘이다. 나에게 그 순간을 밝혀주고 있는 등불은 바로 글쓰기 · 책 쓰기다. 글쓰기 · 책 쓰기를 하면서 나를 발견하고, 나의 가장 내밀한 목적을 추구하며, 나를 활짝 꽃피우고 있는 나는 영원한 청춘이다. 우리의 노년은 못다 피운 인생의 꽃을 피워 아름다운 경험을 하는 소중한 시간임을 잊지 말자. 노인이 되었지만 저마다의 재능으로 창조된 청춘의 여정을 떠나 노년 인생을 아름답게 가꾸어보자.

에필로그

　우리는 크든 작든 자기만의 삶의 무게를 지니고 살아간다. 그 삶의 무게가 무거워 도망치듯 '내 생애 첫 책 쓰기' 꿈을 꾸기 시작했다. 좀 더 가벼워 보이고, 좀 더 멋져 보여서 꾸기 시작한 꿈이었지만, 어느새 그 꿈이 주는 무게에 또다시 짓눌리기 시작했다. 내가 가진 어느 것 하나 그 꿈의 성취를 위해 준비된 것이 없었다. 청소 노동을 마치고 집에 오면 그저 쉬는 게 전부인 일상 중 책을 손에서 놓지 않았다는 것, 이를 준비라고 할 수 있다면 그것뿐이었다. '책을 쓰겠다!'라고 선언하고 매일 같이 백팩을 짊어지고 지역 도서관으로 출근하는 나를 보며 남편은 저러다 말겠지 하는 눈치였다. 나도 나를 전혀 믿지 못했나 보다. 그래서 '이 나이에, 이 경력에 내가 어떻게 책을 써!'라는 말을 책 속 이곳저곳에 참 많이도 써넣었으니 말이다.

　이 책은 경험과 지식으로 자리 잡은 작가가 '책을 한 번 내볼까?' 하고 후다닥 쓴 책이 아니다. 책 쓰기를 위해 준비된 그것, 딱 하나 '책 읽기'를 옛 습관대로 하면서 책 속의 길을 눈길 닿는 데로, 마음 가는 데로 돌아다니며 쓴 책이다. 그 길을 때로는 느리게, 때로는 격정적으로 거닐면서 나만의 답을 주워 모았다. 그렇게 끌어모은 생각, 깨달음, 영감을 책 곳곳에 심었다. 매일 조금씩 쏟아 온 노력의 어느 날, 씨앗이 싹을 틔우는 것처럼『나는 시니어 작가로 새 인생을 산다』가 열매를 맺어 내게로 왔다.

마음을 향해 떠난 여정에서 나는 딱 떨어지는 정답에 다가서지는 못했지만, 나 자신에게 애정을 쏟는 데 도움을 주는 글을 참 많이 쓸 수 있었고 기억할 수 있게 되었다. 그래서 감사하다. 나이 드는 게 반갑지 않았었는데 이제는 나이 듦의 아름다움이 큰 빛이 되고, 커다란 강물이 되어 내 영혼을 적시고 있다. 그래서 그동안 책을 썼던 근 7개월의 시간에 고마웠다고, 즐거웠다고 말하면서 자꾸만 웃고 싶다.

앞이 보이지 않는 터널 속에 갇혀 방황하는 나에게 길을 알려준 '책 읽기', 매일의 일상을 행복하게 사는 법을 가르쳐준 '글쓰기' 그리고 생각과 마음에 몰입할 힘을 갖게 한 '책 쓰기'였다. 순전히 내 노력으로 이루어낸 성과의 끝이 비록 미미할지라도, 1년 뒤에 이 책을 읽으면서 낯이 뜨거워질지라도 나에게 깊은 영감을 주었던 많은 책과 책을 쓴 작가들을 만났던 나를 사랑할 것이다. 독자들이 오래도록 감동하고, 그 감동을 다시 맛보려고 세월이 흐른 뒤에 다시 읽는 책을 쓰지 못했음을 알면서도 오직 '나다워짐'을 찾는 노력을 했었고, 그 인내를 벗 삼으면서 글을 써 내려갔던 나를 많이 믿어줄 것이다.

내 생애 첫 책 쓰기를 위해 길을 터준 인연들이 참 많다. 그중에 으뜸가는 인연은 역시 책이다. 책 쓰는 것이 힘든 순간마다 책 속의 글들이 나에게 끊임없이 말을 걸어주었다. 그 말들을 빛 삼아 나를 단련하면서 이 책을 완성할 수 있었다. 오디오 독서를 하던 중에 만났던 많은 책 중에 한 권인 『당신의 뇌를 바꿔드립니다』는 이 책을 쓴 저자와의 특별한 인연을 선물해주기도 했다. 작가의 꿈을 간직했던 평범한 내가 꿈을 이루어 나가는 과정에 많은 도움을 준 강은영 작가에게 깊은 감사를 드린다.

　내 인생에 가장 깊은 인연은 역시 남편이다. 남편의 꿈은 한문의 이치를 깨달아 노년을 풍요롭게 사는 것이다. 그의 삶의 중심 기둥은 수적천석(水適穿石: 물방울이 바위를 뚫는다)과 서경(書經)에 나오는 한문 글귀, 미불유초 선극유종(靡不有初鮮克有終: 처음은 누구나 노력하지만, 끝까지 계속하는 사람은 적다)이다. 이 말을 가슴에 새기고 가히 존경할 만큼 자투리 시간마저도 충실히 보내는 남편은 나의 최고의 멘토다. 한 번도 가보지 못한 '책 쓰기' 길이었기에 자주 길을 잃고 헤매며 좌절감을 느끼곤 했다. 그때의 순간을 빠져나올 특별한 방법이 있었을까. 없었다. 오직 하나, 노력이 있을 뿐이었다. 견디어내는 것과 끝까지 노력하는 게 무엇인지 남편의 곁에서 배우면서 이 책을 완성할 수 있었다. 그래서 남편에게 이 자리를 빌려 깊은 감사를 드린다.

　삶이 늘 쉽지는 않았던 것처럼 내 생애 첫 책 쓰기도 쉽지 않았다. 그러나 책을 읽고, 책을 쓰는 책의 길을 거니는 동안 내 마음을 들여다보고 돌볼 수 있어서 참 좋았다. 무엇보다도 매일 글쓰기의 작은 기쁨의 꽃이 일상에서 피어날 터전을 마련할 수 있어서 참 행복하다. 지금의 이 성취감을 벗으로 삼아 평생에 걸쳐 새로운 글과 책을 써내며 시니어 작가로 살겠노라고 다짐도 해본다. 조지 버나드 쇼의 명언처럼 "쓰기 전까지는 내가 무엇을 쓸지 몰랐다." 나는 내 생애 첫 책 쓰기에 무엇을 쓸지 정말 몰랐다. 정말 알아서 쓴 게 아니라 쓰면서 알게 되었던 책 쓰기였다. 그래서 다시 한번 더 나의 책 쓰기 여정을 뒷받침해주었던 모든 책과 책의 저자들과 함께 책 출간의 기쁨을 나누면서 내 생애 첫 책인 『나는 시니어 작가로 새 인생을 산다』를 그들에게 바친다. 마지막으로 이 책이 출간될 수 있도록 큰 도움을 주신 미다스북스의 이다경 편집장님께 감사드린다. 그리고 아주 예쁘게 책을 편집해준 출판사 직원 모두에게도 감사드린다.